SANANDO A VIVA VOZ

Cómo abrazar el amor de Dios cuando no te gustas a ti misma

SANDI BROWN Y
MICHELLE CAULK, PhD, LPC

Dexterity, LLC
604 Magnolia Lane
Nashville, TN 37211

Título en inglés: *Healing Out Loud.*

ISBN: 978-1-947297-74-6 (Tradepaper)
ISBN: 978-1-947297-75-3 (E-Book)

Publisher's Cataloging-in-Publication data
Nombres: Brown, Sandi, autora. | Caulk, Michelle, autora.
Título: *Sanando a viva voz : cómo abrazar el amor de Dios cuando no te gustas a ti misma* / Sandi Brown y Michelle Caulk, PhD, LPC.
Descripción: Título original: *Healing Out Loud* | Nashville, TN: Dexterity, 2023.
Identifiers: ISBN: 9781947297746 (paperback) | 9781947297753 (ebook)
Subjects: LCSH Christian women—Conduct of life. | Self-esteem in women—Religious aspects—Christianity. | Self-esteem in women. | Spanish language materials. | BISAC RELIGION / Christian Living / Women's Interests | SELF-HELP / Personal Growth / Self-Esteem
Classification: LCC BJ1610 .B7618 | DDC 248.8/43--dc23

Desarrollo editorial: Semantics Inc., semantics01@comcast.net

Diseño de cubiera: Charissa Newell de twolineSTUDIO.

Impreso en los Estados Unidos de América.

Primera edición: 2023

DEDICATORIA

A todos aquellos que están en el valiente camino hacia la sanación y la plenitud: Dios los ve, y camina detrás, al lado y delante de ustedes.

CONTENIDO

MAPA DE SANIDAD

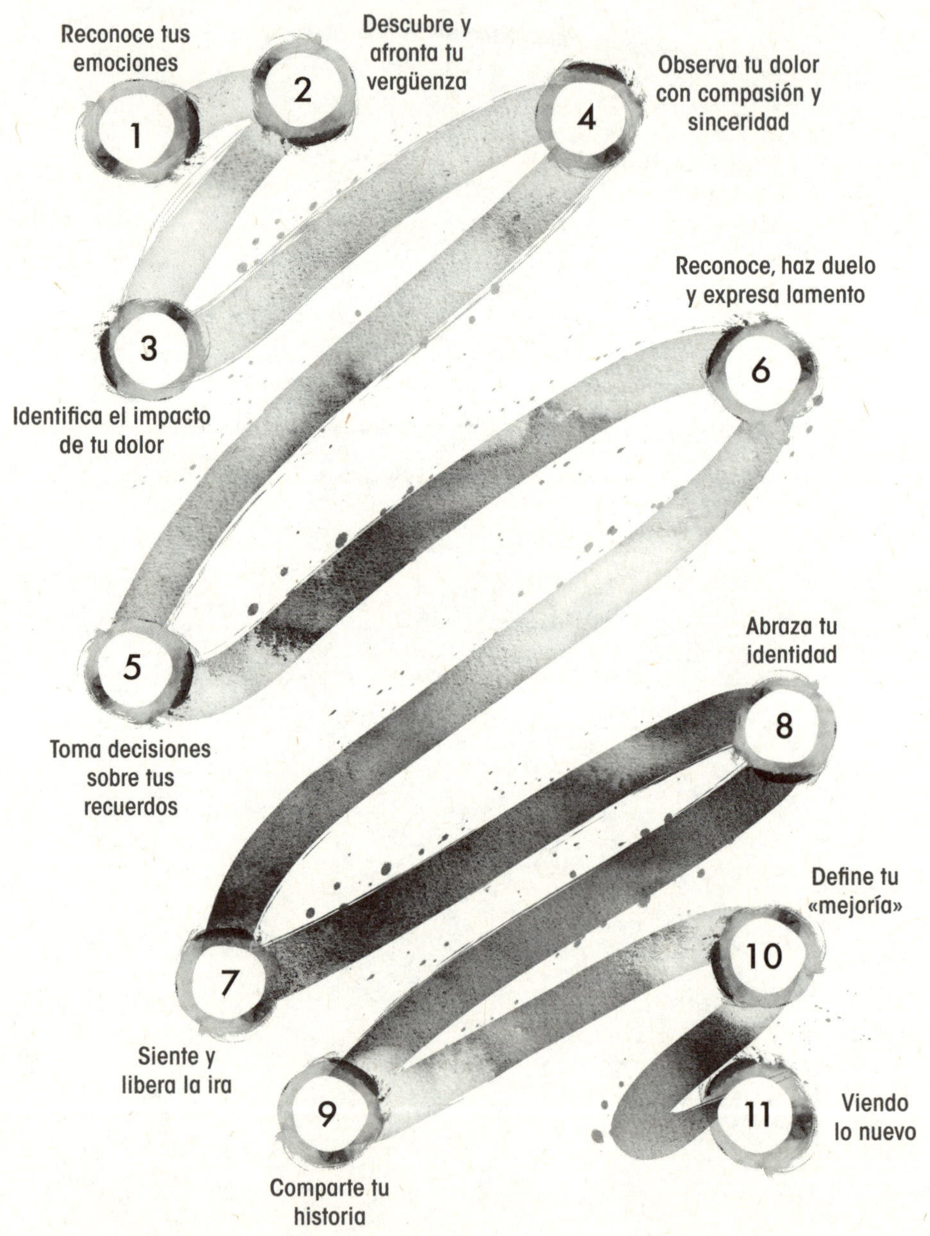

INTRODUCCIÓN

De parte de Sandi:

Nunca se lo había escuchado decir a nadie. Desde luego, no quería ser la primera. Pero si quería mejorar, sabía que tenía que ser sincera. Así que lo dije, a viva voz, en la sala de terapia: «Amo a Dios, pero no me gusto a mí misma».

Si te suena raro, lo entiendo. Por eso oculté lo que sentía por tanto tiempo. Si el sentimiento te resulta vagamente familiar, también lo entiendo. Sé lo que es luchar con sentimientos y emociones que no has elegido y que no entiendes. Espiritual e intelectualmente, sabes que Dios te ama. (O tal vez todavía estés luchando con la idea de que Dios también pueda amarte). En cualquier caso, en el fondo sabes que tienes fuertes sentimientos negativos hacia ti misma. Pero no sabes por qué.

A nivel interno, tienes luchas. Puede que te digas a ti misma cosas que nunca dirías a otra persona. «No eres linda. Eres estúpida. No le gustas a nadie».

Es probable que sientas que no puedes ser tú misma —tu verdadero yo— en las relaciones. Puede que sientas que una parte de ti necesita mantenerse oculta, muy en el fondo, en la cueva de la vergüenza y el bochorno.

Tal vez hayas tenido alguna experiencia en el pasado que te hizo pensar que no te valoraban o no te amaban. Incluso sin darte cuenta, puede que hayas aceptado este mensaje como algo totalmente cierto.

No quieres verte a ti misma a través de esta lente negativa, pero casi parece que esa sea tu forma de actuar por defecto. Probablemente notes que se desborda en críticas hacia los demás, incluidas las personas a las que más amas. Cuando lo miras con lógica no tiene sentido, pero es tu frustrante realidad emocional. Si alguna vez te has sentido así, este libro es para ti.

Comprendo la lucha porque ha formado parte de mi vida desde que tengo uso de razón. Y quizá, como tú, permanecí en silencio por demasiado tiempo. Una de las razones del secretismo era que creía que nadie lo entendería. ¿Por qué tenía tantas luchas cuando mi vida tenía sentido y éxito en todos los aspectos medibles y visibles?

Me llamo Sandi Brown. (Cambié de «Sandy» a «Sandi» a los diecisiete años porque me convertí al cristianismo y quería que todos supieran que ya no era quien solía ser). Dios cambió la trayectoria de mi vida y estoy muy agradecida. Me casé con Mike, mi novio del instituto y mi mejor amigo. Él es firme, fuerte e inquebrantable en su amor hacia mí y hacia nuestra familia. Tenemos tres hijos maravillosos que aman a Dios, a sus hermanos y a Mike y a mí.

Profesionalmente, soy fundadora y presidenta de la mayor emisora de radio cristiana de San Luis, Joy FM, y de su emisora hermana, BOOST RADIO. Llegamos a más de quinientas mil personas cada semana en ciudades como San Luis, Chicago, Mineápolis, Pittsburgh y Portland. Me encanta mi trabajo, hablar por la radio, conectar con oyentes y artistas cristianos, y dirigir un próspero ministerio de medios de comunicación. Cada día veo a Dios actuar en la vida de las personas. Incluida la mía. Gracias al crecimiento y a mi exitosa trayectoria, me he ganado el respeto y la influencia en la industria de la música cristiana. De hecho, fui la primera mujer que presidió la junta directiva de Christian Music Broadcasters.

Solo comparto toda esa información porque ayuda a tener una panorámica adecuada. Reconozco la magnitud de los logros y las inmensas bendiciones de mi vida, y por eso era tan frustrante luchar con este inexplicable vacío interior. Yo amaba a Dios, a mi familia y mi trabajo. También estaba consciente, a nivel intelectual, del amor que sentían por mí. Pero, por alguna razón desconocida, seguía sintiéndome poco amada y digna de serlo, y como una completa fracasada. No me gustaba a mí misma y creía, en mi cueva interior, que tampoco le gustaba a nadie.

¿Cómo decir eso a viva voz? Yo no lo hice hasta 2019. Me acerqué a alguien que no tenía idea de quién era yo. Era una consejera nueva en San Luis y no me conocía de la radio, de la industria ni de ninguna otra Sandi o Sandy. Eso era importante para mí. Quería que me conociera desde dentro. La confusa, inquieta y luchadora yo que estaba lista para empezar a sanar a viva voz.

Este libro relata el viaje de un año de consejería con Michelle Caulk. Mientras lees, espero que oigas lo que se esconde con amor detrás de cada palabra. Comprensión por la lucha que sientes. El deseo de que encuentres la libertad. Y una inmensa gratitud por la obra que Dios sigue haciendo en mi vida y en mi familia.

Este libro es la inverosímil continuación de una relación que comenzó en la consulta de Michelle. Después de que nuestra relación de consejería terminara, comenzó una amistad inesperada. Después de algún tiempo, de varias conversaciones con mi familia y de mucha oración, le pedí a Michelle que me ayudara a compartir mi viaje de sanidad, con la esperanza de que ofrezca aliento e inspiración para que tú comiences a sanar a viva voz. Esa es mi oración.

De parte de Michelle:

Mi nombre es Michelle Caulk, y Dios me llamó inesperadamente al campo de la consejería en salud mental. Yo estaba feliz como analista de investigación y bibliotecaria antes de que Dios me pidiera unirme a Él en este loco plan para mí: regresar a los estudios, obtener un título en consejería clínica de salud mental, conseguir una licencia, comenzar a reunirme con clientes y crear una consulta privada. Resulta que Dios sabe más que yo sobre mi vida (¡no me sorprende!). La obediencia a su voz ha producido una segunda etapa realmente hermosa y estimulante de mi carrera y mi llamado. Es una carrera del corazón y de la mente, y lo que es más importante, del alma. Me desafía cada día a presentarme, a escuchar, a empatizar y a ser humana con otro ser humano, que a menudo está dolido y herido, pero esperanzado. Me encanta el trabajo que Dios me permite hacer cada día.

Cuando conocí a Sandi, solo sabía que era una mujer que trabajaba en la radio local. Yo acababa de regresar al Medio Oeste tras quince años lejos (en Florida). Mi marido y yo deseábamos volver a vivir cerca de nuestras familias. Así que volvimos y me incorporé a una consulta privada, donde me presentaron a una nueva clienta llamada Sandi. Desde nuestra primera conversación, sentí que había algo más en su historia. Era una mujer dispuesta a comprometerse en el proceso de comprenderse mejor a sí misma, de ver lo que Dios tenía para ella en la consejería, de querer ser vista simplemente como Sandi. Y así comenzó nuestro viaje de consejería. Se basaba en la verdad de la Biblia, pero también en mi formación como consejera clínica de salud mental. Examinamos sus pensamientos y buscamos pruebas a favor y en contra. Reconocimos las emociones y la utilidad que tenían para ella (incluso cuando podría haber prescindido de las dolorosas, muchas gracias). Incorporamos muchas técnicas que pueden resultarte familiares si has asistido alguna vez a terapia: respiración profunda y relajación, cuestionamiento cognitivo y replanteamiento, trabajo de duelo, escritura de cartas, diarios y Terapia de Resolución Acelerada. Sandi incluso me recomendó un tratamiento muy eficaz llamado «biblioterapia», que consiste en leer dos veces el mismo libro terapéutico.

Aplicamos pasajes de la Biblia para iluminar y aclarar los aspectos difíciles. Oramos juntas para pedirle a Dios que entrara en la sala y proveyera su sanidad. Celebramos cuando

Dios le trajo comprensión, consuelo y paz. Después de un año de camino, Sandi y yo coincidimos en que había hecho un progreso increíble, empezando con pronunciar en voz alta esas palabras dolorosas y terminando con más libertad en sus relaciones. Esa voz en su cabeza se volvió mucho más silenciosa, y su tiempo de consejería conmigo había terminado de manera natural.

Sandi y yo escribimos este libro desde el corazón y la empatía. Sandi ha pasado por eso, al igual que muchas mujeres que he conocido en mi consulta. Admito que el Monstruo del Pensamiento también acampa a veces en mi cabeza. Este libro es un relato del viaje de Sandi a través de la consejería y una invitación a tu propia historia, pasada, presente y futura. Puede que estés al principio de tu viaje o que te des cuenta de que llevas años luchando contra estos pensamientos, emociones y experiencias dolorosas del pasado. Sandi y yo oramos para que esta historia despierte esperanza en ti. Oramos para que te ayude a saber que no estás sola en tu lucha contra la condena y el desánimo. Oramos para que, si te ves a ti en las luchas, también te veas a en la rendición y en la libertad recién descubierta.

Cada capítulo comienza con una entrada del diario de Sandi y sus reflexiones sobre esa parte de su historia. Después del diario y de las reflexiones de Sandi, hay una sección llamada «Desempacamos el proceso con la Dra. Michelle», en la que te ayudo a aplicar a tu vida lo que acabas de leer. He añadido algunas de mis historias personales (¡qué vergüenza!), así como las que representan a las mujeres que atiendo en la consulta. Esto es un consuelo: no estás sola en tus luchas, ¡ni mucho menos! A medida que vayas desentrañando tu propia historia, tal vez quieras consultar los recursos adicionales que aparecen al final del libro. He reunido una lista de libros y sitios web que te ayudarán en tu viaje más allá de lo que escribimos aquí.

Por último, en la sección del final de cada capítulo, hemos puesto preguntas esclarecedoras para ayudarte a avanzar por los lugares donde puedes sentirte estancada. Se incluyen pasajes de la Biblia y oraciones para afianzarte en la verdad, y puedes optar por profundizar en la Biblia y dedicar tiempo a comunicarte con Dios y escucharle.

Puede que ya te hayas fijado en el Mapa de Sanidad. Mientras Sandi y yo recorríamos su travesía, se hizo evidente que había «puntos de sanidad» similares a lo largo del camino que yo había observado en otros clientes. Estos puntos de sanidad se convirtieron en puntos de ánimo que ayudaron a Sandi a saber que estaba progresando. Este mapa de sanidad pretende mostrar que la sanidad es posible y que hay un camino a seguir.

Aquí tienes un anticipo de algunas de las preguntas que abordaremos:

- ¿Cómo escuchas tu dolor pasado y avanzas a partir de él?
- ¿Cuál es la creencia fundamental que tienes sobre ti misma y cómo alimenta esta tus pensamientos?

- ¿Y si comenzaras a ver a Dios como realmente es y pudieras aceptar la medida completa del amor que siente por ti?
- ¿Cómo puedes contar a los demás tu historia —o, como decimos nosotras, sanar a viva voz— y acercarte más a ellos en una relación?

Esto último era más de lo que Sandi podía haber imaginado durante los años de lucha o cuando buscó asesoramiento por primera vez.

Pero ahora ella sabe que es posible porque lo ha experimentado de primera mano. Pero no se trata solo de contar la historia de Sandi. Sandi y yo escribimos con la esperanza de que Dios use este libro para dar lugar a una historia parecida de sanidad en tu vida. Este tiempo es una oportunidad para procesar tus experiencias, pensamientos y sentimientos dolorosos del pasado —quizás sola, con un par de amigos o con un consejero— para desafiar con delicadeza los relatos injustos y darte permiso para pensar y sentir de manera diferente, armoniosa y pacífica. Tu viaje será único para ti. Puede que a veces te sientas abrumada y necesites tomarte un descanso. Hazlo, por favor. Otras veces, sentirás hambre de este material y lo absorberás en un instante. Asimílalo al ritmo que sientas que te honra más a ti y a lo que Dios tiene para ti.

En tu lectura, Sandi y yo esperamos que esto se convierta cada vez más en tu historia y tu sanidad. Toma un bolígrafo, un cuaderno y algunos pañuelos de papel (en este espacio se fomentan las lágrimas) y haz todo lo posible por recorrer este camino. Será difícil enfrentarse a esos viejos mensajes que has escuchado o que te has dicho a ti misma una y otra vez. Pero debes saber que no estás sola.

¿Estás lista para dar un paso muy valiente? ¿Un paso para descubrir tu historia?

Hay esperanza y hay sanidad. Tardarás más en sanar que en leer este libro. No pasa nada. Date permiso y tiempo para sentirte dueña de ti misma, para cambiar y para sanar.

Dale a Dios, el Sanador, una invitación a tu mente y tu corazón. Le pedimos a Dios que use este libro para que sirva como testigo de tu dolor y como guía esperanzadora y auténtica para tu sanidad.

En gracia y paz,

Sandi y Michelle

Capítulo 1

LUCES DE ADVERTENCIA

Hoy he ido a la despedida de soltera de la hija de mi mejor amiga.

Ha sido una fiesta preciosa. Por eso sentí que no debía estar allí. Me sentí como el payaso Bozo apareciendo en la dirección equivocada. La rara. Yo lo sabía, y todos los demás también. Eso creo.

Lloré todo el camino de vuelta a casa. ¿Por qué no podía disfrutar de la fiesta como los demás? ¿Por qué no puedo ser como los demás? Linda. Femenina. Cómoda en su cuerpo. ¿Me miran y ven lo que yo veo? Si es así, ¿por qué me invitaron? Si no, ¿por qué me siento así?

No me atrevía a decirle a nadie cómo me sentía. Pero bromeé con mi familia y mis compañeros de trabajo. «Me sentí como el payaso Bozo en la fiesta de bodas», dije riéndome a carcajadas. Se rieron y dijeron: «Eso no es verdad». Pero yo sé que sí.

Desde que tengo memoria…, ese es el tiempo que llevo sintiéndome así. Es como si mi mente y mi corazón no estuvieran sincronizados. ¿Y si el mensaje constante de «no me gusto» pudiera desaparecer, o al menos cocerse a fuego lento en lugar de hervir? ¿Y si el futuro fuera menos confuso? ¿Y si pudieran desenredarse mis emociones y pudiera disfrutar siendo yo misma? ¿Y si pudiera descubrirme a mí misma en este proceso?

Sé quién soy, a nivel intelectual y espiritual. Pero ¿y si mis emociones estuvieran en sintonía con quién soy? ¿Y si pudiera encontrar paz y reposo para mi alma?

— Sandi

Pensaba que era la única que luchaba con esta persistente y ruidosa duda. La única que tenía incesantes pensamientos negativos en la cabeza convenciéndome de que no era lo bastante buena:

No me gusta mi pelo rojo. No me gustan mis pecas, mis pies grandes ni mi risa exagerada. Me siento inadecuada e inferior como mujer, esposa, madre y amiga. No me gusta nada de mí. No importa que me haya casado con el amor de mi vida, que haya criado a tres hijos increíbles y que haya encontrado el amor incondicional de Dios.

Sigo sintiéndome como un fracaso.

No sabía de dónde venían los pensamientos. Peor aún, no sabía cómo hacer que se fueran. Solo sabía que vivir así era agotador.

Por un lado, podía ver la verdad. Tenía una familia que se amaba entre ella y a mí. Un trabajo al que me encantaba ir cada día. Era la fundadora y líder de dos exitosas estaciones de radio. Una influencia respetada en la industria de la radio de música cristiana. Reconocía todo eso como bendiciones y logros en mi vida. En todos los aspectos medibles, mi vida era todo lo que siempre había deseado o por lo que había orado.

Pero también oía las voces internas que me decían que no gustaba a nadie, que nadie me amaba. Nadie. Mi mente sabía que no era verdad, pero mi corazón creía que sí. Era un tira y afloja constante y siempre ganaba la voz más alta.

Esa era la tensión: que a pesar de lo bueno que me rodeaba, y por mucho que lo intentara, no podía hacerme feliz. La paz y la satisfacción siempre me parecían inalcanzables. La desconexión era evidente, incluso para mí. Una corriente constante de pensamientos y emociones negativas fluía por mi mente, la mayoría dirigidas hacia mi persona.

Este trasfondo afectaba todos los ámbitos de mi vida. Me sentía muy incómoda con mi aspecto. No me gustaba salir en fotos ni en videos ni recibir ningún tipo de elogio. Como pensaba tan negativamente de mí misma, creía que los demás también lo hacían. Cuando un compañero de trabajo, una amiga o un conocido me decía algo amable o reconocía un logro, no se me quedaba grabado. Los oía, pero también oía las voces negativas y «más pegadizas» de mi interior. No sé por qué confiaba más en ellas, pero lo hacía.

Profesionalmente, elegí una carrera que no requería que me vieran. Como locutora de radio, podía conectar con la gente a través de las ondas y seguir siendo invisible e intocable. Me sentía segura. Una de mis profesoras de periodismo me animó a tomar esa decisión. En mi primer año, me dijo: «¿Cuántas mujeres pelirrojas, gorditas y pecosas ves en la tele? No serás tú la primera. Deberías dedicarte a la radio. Así no te juzgarán por tu aspecto». Aquello se me quedó pegado.

No sé si la negatividad autodirigida procedía de comentarios ajenos o de algún lugar profundo e interno de mí. En cualquier caso, era muy real, una mezcla caótica de emociones y notas contradictorias. Parecían sonar cada vez más fuerte, pero como no había oído a nadie más hablar de su «orquesta interior», concluí que yo era la única que llevaba esta carga ensordecedora y desalentadora.

La orquesta interior era ruidosa, pero no se expresaba «a viva voz». No había compartido la lucha con nadie. De hecho, me esforzaba mucho por no dejar entrar a nadie más. Creía que mientras mi vida funcionara por fuera, todo iría bien. Pero yo sabía que no era así. Y el secretismo aumentaba la culpa. Me hacía sentir falsa, como si estuviera ocultando algo.

Intenté darme palabras de ánimo, memorizar las Escrituras y arrepentirme de los sentimientos negativos. Oré por sanidad, porque sabía que esta incongruencia (saber una cosa, pero creer otra) no era saludable ni honraba a Dios. ¿Cómo podía amar a Dios y a la vez sentirme mal conmigo misma?

Nada funcionaba; algo tenía que cambiar. Yo creía que Jesús era la clave de la esperanza y la paz mental. Pero no sabía cómo llegar ahí.

Pensé en mis posibles opciones para buscar ayuda. ¿Mi pastor? ¿Mi marido? ¿Mi mejor amiga? Tenía miedo de que no lo entendieran. Temía que nuestra relación cambiara para siempre. Tenía miedo de que me conocieran, de que si realmente me conocieran, llegarían a la misma conclusión que yo. Tampoco les gustaría.

La respuesta más lógica era la que más temía: un consejero. La idea de permitir que alguien se asomara a mis sentimientos más íntimos me producía una ansiedad y un temor muy intensos. Recordándolo ahora, el miedo parece ilógico, pero en aquel momento era fuerte y convincente. Algo dentro de mí tenía miedo de ser vista u oída. Temía la luz del descubrimiento.

Afortunadamente, había otra voz que llamaba. Dios, tranquilizador e invitador, avivaba tierna y persistentemente la llama de la esperanza. Lo conocía como un Padre amoroso y confiaba al cien por ciento en su poder. No dudaba de Él. Simplemente temía el proceso, lo desconocido.

La esperanza y el miedo reclamaban mi atención. Llegué a pensar que ninguno de los dos iba a ceder. Ambos me acompañarían eligiera el camino que eligiera, tanto si permanecía en silencio como si buscaba ayuda. Si eso era así, ¿por qué no dar un paso hacia la esperanza? Mientras me debatía sobre qué hacer y cómo hacerlo, Dios mostró su gracia. Recibí un correo electrónico grupal del trabajo muy inesperado, de un consejero licenciado en nuestra zona. Me dijo que él y los demás consejeros de su consultorio estaban a disposición de nuestro personal cuando fuera necesario. Era el momento menos inesperado: una invitación orquestada por Dios.

Con gran inquietud, le envié un correo electrónico y le dije que estaba interesada en hablar con una consejera. Me recomendó a Michelle, una compañera suya de confianza, y me dio su información de contacto. Al ver su nombre y su número de teléfono impresos, se me revolvió un poco el estómago. El miedo y la expectación daban saltos mortales en mi pecho.

Las emociones me resultaban familiares. Mi mente se remontó a mi infancia y a un recuerdo en el que me asomaba por primera vez desde el trampolín de la piscina comunitaria. Había visto saltar a otras personas. Estaban encantadas y habían vuelto una y otra vez por más. Así que subí la escalera, crucé la plataforma, miré hacia abajo... y me entró el pánico. Me quedé de pie en el trampolín mientras todos los que estaban en la piscina de abajo me miraban y la ansiedad se arremolinaba en mi interior. ¿Podría saltar? No estaba segura. Mientras pensaba en ponerme en contacto con Michelle, me sentí como si estuviera de nuevo en aquella piscina, con los dedos de los pies en el borde del trampolín y el corazón acelerado.

La habitual orquesta interior sonaba en mi mente. Solo que esta vez oí acordes de emoción y curiosidad mezclados con acordes de miedo y temor. Sonaron notas de vergüenza; me sentí expuesta, vulnerable y asustada. Sabía que me estaba embarcando en un gran paso, un salto de fe que parecía una caída libre hacia lo desconocido. Ya había decidido que, si iba a pedir ayuda, iba a ir con todo. Saltar a lo más hondo. Tocar el fondo antes de salir a tomar aire. Significaba ser completamente honesta, estar dispuesta a ir hasta el final y confiar en el proceso al que Dios me estaba invitando. Sí, todavía me parecía arriesgado pedir ayuda. Pero también lo era seguir viviendo así. Esperaba que la terapia me hiciera sentir mejor. No sabía cómo era o cómo me sentiría, pero anhelaba esa posibilidad.

Así que respiré hondo, susurré una oración y agarré el teléfono.

Siete dígitos. Con cada tecla que pulsaba, mi corazón latía más deprisa. Los pensamientos se agolpaban en mi mente: *¿Qué debo decir? ¿Cómo pongo palabras a lo que siento? ¿Me entenderá? ¿Pensará que estoy loca? ¿Estoy loca? ¿Me gustará? ¿Le caeré bien? ¿Será capaz de ayudarme?*

Lo primero que pensé cuando Michelle contestó al teléfono fue: *Mmm. Parece normal.* (No sé si Michelle tuvo la misma sensación sobre mí).

«¿Por qué quieres acudir a una consejera?», me preguntó.

Había ensayado de antemano el relato de mis problemas. El objetivo era darle a entender que tenía luchas sin que pareciera que había perdido la cabeza. Le contesté: «Algo no va bien y no sé cómo resolverlo. Espero que puedas ayudarme. Tengo muchas emociones encontradas y no entiendo por qué. Parece que mis emociones no están todas arraigadas en la verdad. Lo que pienso y lo que siento a veces no están bien sincronizados. Y una cosa más...». Aquí respiro hondo. «No me gusto. Y no creo que eso honre a Dios, pero no sé cómo cambiarlo. Esto me parece algo desesperado: pedir ayuda».

Cerré los ojos y esperé su respuesta. Esperé el tipo de rechazo que me había estado diciendo a mí misma por años. En lugar de ridiculizarme o reprender mi falta de fe, me dijo amablemente: «Pedir ayuda no es nada desesperado. Es algo muy valiente».

Y así comenzó nuestro viaje.

Para mi sorpresa, cuando profundizamos en mis antecedentes durante la primera llamada, Michelle se mostró curiosa y afirmativa, y no se inmutó ante mi larga lista de emociones contradictorias. De hecho, me explicó que nuestras emociones son como las luces de emergencia de un auto. Cuando pitan o parpadean, indican que pasa algo que exige atención. Siguió explicando que Dios nos creó así para que pudiéramos responder a los problemas antes de que se nos fueran de las manos.

Alucinante

Comprender que mis sentimientos y emociones no eran un problema, sino que mi yo interior intentaba decirme algo, me trajo una paz instantánea. Comprender que Dios me había hecho así me reconfortó. Y la idea de que me esperaba un camino de descubrimiento de mis problemas me produjo curiosidad y un poco de temor. ¿Qué intentaban decirme mis emociones o mis luces de emergencia? ¿Cómo podía discernir lo que decían? ¿Y qué debía hacer para solucionar el problema? Esas eran preguntas para otro día... y para más adelante en este libro. Pero en ese momento, en ese gran y aterrador salto al vacío... Fue estimulante.

No recuerdo todas las palabras que dijimos Michelle y yo aquel día. Pero recuerdo los puntos clave que escuché durante nuestra conversación de cuarenta y cinco minutos: comprensión, gracia, esperanza.

Cuando terminó la llamada, me sentí aliviada y un poco aturdida. Se acabaron las volteretas en la barriga y el medidor de ansiedad se redujo un poco. Me sentía bien. Nada había cambiado en mi situación general, pero tenía la sensación de que algo ya no era igual. Había compartido parte de mi verdad, y era liberador. Por un lado, no era más que una llamada telefónica de presentación, pero sentí que era mucho más. Había sido sincera y transparente. Había permitido que otra persona, por primera vez en mi vida, echara un vistazo a mi verdadero yo. Y Michelle no se encogió de hombros, ni me juzgó, ni me rechazó.

Fue el primer paso. Un gran paso. Tomé aire y sentí el deseo de volver a hacerlo, de saltar desde lo alto y adentrarme en lo más profundo.

DESEMPACAMOS EL PROCESO CON LA DRA. MICHELLE

Saltar al vacío

Me encanta lo que hago para ganarme la vida porque tengo la oportunidad de presenciar estos preciosos y significativos comienzos en los viajes vitales de mis clientes. Ese momento en el que respiran y salen del trampolín. No soy socorrista, pero puedo nadar a su lado por algún tiempo, dándoles una mano, animándolos. Cuando empiezo con los clientes, uno de los regalos más importantes que puedo ofrecerles, sobre todo al principio de su viaje, es la confianza en la esperanza.

Esperanza de cambio. La esperanza de que las cosas mejorarán. La esperanza de que sanarán. Lo hago porque a menudo no se encuentran en una situación en la que puedan aferrarse a la esperanza por sí mismos. Así que yo lo hago por ellos.

Me gustaría ofrecerte lo mismo a ti, querida lectora. Antes de que nos sumerjamos en este viaje, antes de que comencemos a explorar las cosas difíciles, ¿puedo ofrecerme a cargar con parte de tu esperanza, hasta que puedas retomarla? Eso es lo que hacen los buenos consejeros, los amigos que se sientan a la mesa, las hermanas que escuchan: cargar con la esperanza cuando parece que no la hay. Hasta que estés lista para retomar esa preciosa promesa.

Como consejera —y como amiga, hermana e hija— mantengo muchas conversaciones como la que tuve con Sandi. Sé lo increíblemente difícil que puede ser iniciarlas. Por un lado, están las justificaciones externas: «No puedo ocuparme de esto ahora». Demasiadas tareas, demasiados plazos de entrega. Ni siquiera me he hecho una limpieza dental en un año, ¿y quieres que pase una hora a la semana sentada en un sofá delante de una completa desconocida?

Aún más persuasivo es el relato interno. Esa vocecita (o a veces grito) que nos regaña: *Mis amigos y mi familia no tienen tiempo para escucharme hablar de mis luchas. Tienen trabajo, hijos y cincuenta coladas acumuladas desde el mes pasado. Eso es más importante que yo.*

Y luego está el temor básico, el de enfrentarnos a nosotras mismas y mirar al pasado. Es el miedo más aterrador que existe, la sensación de abrir la caja de Pandora cuando la tapa está bien cerrada. En el fondo, también existe el temor a perder el control y quedarse en ese lugar doloroso una vez que se ha sacado a la luz. ¿Y si hablar de ello lo hace aún más real? ¿Y si, cuando empiezo a hablar de todo esto tan doloroso, lo abro de par en par y no puedo volver a meterlo todo dentro?

Igual que escuché la aprensión subyacente de Sandi aquel día, sé que probablemente estés pensando: *Yo también quiero lanzarme a la piscina, pero no veo el fondo.* Tus pies están en el borde del trampolín, pero tienes miedo. Te preocupa hundirte. Estás contemplando cómo no caer de panza en el rechazo. Buscas a tu alrededor la tabla o las aletas de nadar, pero otro ya las ha reclamado. Sabes que el agua es profunda.

Estoy aquí para decirte que saltes de todos modos.

Se necesita valentía para saltar a esas aguas tranquilas y oscuras y verte a ti misma con la plenitud de las emociones, la vergüenza y el dolor del pasado que has guardado en tu interior. Pero hacerlo significa que también reconoces y afirmas la verdad de que hay más en tu historia y, lo que es precioso, hay más en la historia de Dios para ti.

¿Lista para saltar?

Comencemos hablando de las emociones. Las abordo primero porque, bueno, las experimentamos primero. Al igual que Sandi, es posible que hayas tenido alguna reacción emocional que te haya llevado a leer este libro. Como mujeres, por un lado, estamos muy en sintonía con nuestras emociones. Cada día nos enfrentamos a una amplia gama de sentimientos: irritabilidad por un despertador que ha sonado antes de que estuviéramos listas para afrontar el día, alegría por la risa de un bebé o soledad cuando nuestro cónyuge no escucha una parte de nuestro corazón. Y todo lo demás. La vida sería una experiencia totalmente plana y aburrida sin estas sensaciones cotidianas, ¿no es así?

Sentimos intensamente estas emociones cotidianas, tanto si las expresamos a viva voz como si no. Las emociones, tanto negativas como positivas, son una parte muy humana de la vida. Pero a menudo también malinterpretamos lo que nuestras emociones pueden estar tratando de decirnos. Sabemos cómo nos sentimos, pero no sabemos cómo interpretar esos sentimientos y cómo integrarlos con la verdad.

Esto es especialmente cierto en el caso de los pensamientos críticos y negativos, y el resultado de esas emociones más duras es que intentamos suprimirlas o ignorarlas. Esto es doblemente cierto en el caso de las emociones más duras relacionadas con el dolor del pasado. El dolor emocional que creías haber ocultado con cuidado. Pero ocultarlas o suprimirlas no es honrar el propósito para el que fueron diseñadas.

¿Nunca has pensado que tus emociones te están enviando un mensaje? El trasfondo de tu conversación negativa contigo misma está intentando decirte algo. Y eso es bueno. Igual que tu auto te avisa cuando te queda poco combustible o se pincha un neumático, tu sistema de alerta interno también da la alarma. Tus emociones están ahí para avisarte de que algo no va bien, para que puedas solucionarlo antes de que se convierta en un problema mayor.

Pensemos bien en ello. No eres una mala persona porque tus emociones estén en conflicto. Cada una de ellas es simplemente un indicador de algo que ocurre bajo la superficie. Aunque a veces te duela, es un proceso normal.

¿Cuáles son los mensajes de advertencia más comunes? Podrían ser:

- Pensamientos recurrentes de que no eres lo suficientemente buena
- Una sensación desconcertante de que algo va mal
- Insatisfacción general con una misma y con la vida.
- Ansiedad, tristeza, depresión, miedo
- Irritabilidad con una misma y con los demás
- Un sentimiento de desconexión de una misma y de los demás, incluido Dios.

¿Te suena familiar alguno de esos mensajes o emociones? ¿Te parece que alguno en particular lleva tiempo en modo de alarma? ¿Quizá más de uno? ¿Has pensado alguna vez cuál es el mensaje subyacente? ¿Para qué o sobre qué es la advertencia? ¿Qué es lo que requiere atención?

Emociones como la tristeza, el temor, la ira, la aversión, el resentimiento, los celos, el arrepentimiento y la decepción simplemente nos dicen que hay algún dolor o amenaza subyacente que hay que atender. La ira, por ejemplo, nos dice que respondamos con el mecanismo de lucha, huida o parálisis cuando hay una amenaza para nuestro bienestar. La tristeza nos hace saber que hemos perdido algo valioso y necesitamos llorar la pérdida de esa persona o cosa. Las emociones son normales, válidas, útiles y sin duda forman parte de nuestra forma de vivir y movernos en el mundo.

También son útiles para indicar que hay que prestar atención a algo, como las luces de alarma. Por ejemplo, cuando la ira se transforma en resentimiento, se convierte en amargura. La ira, aunque útil al principio, puede convertirse en una especie de cáncer emocional que afecta las relaciones, la sensación de paz e incluso la conexión con Dios. Del mismo modo, cuando no se presta atención al dolor de la tristeza, también puede profundizarse hasta el punto de la depresión. Si no se atiende, el dolor puede provocar un alejamiento de los demás, una pérdida de autoestima y una visión pesimista del mundo y de los demás.

En los próximos capítulos, profundizaremos en una variedad de emociones, como la tristeza, la ira, la paz, la alegría, el duelo y más, y cómo seguir identificándolas y trabajar con ellas de una manera que responda a sus luces de emergencia. Créeme, como consejera, no voy a decirte que te apresures a resolver estas emociones. Vamos a desempacarlas para que puedas entender lo que te están diciendo y cómo puedes, intencionalmente y con un corazón sano, moverte con y a través de ellas. También examinaremos lo que Dios tiene que decir sobre nuestras emociones.

La buena noticia sobre estas emociones difíciles es que pueden resolverse. No tienes por qué quedarte atrapada en ese ciclo interminable de negatividad, miedo o dolor. Con la ayuda de Dios, puedes avanzar, liberar esas emociones y moverlas para que haya más espacio para todas las cosas buenas de tu vida.

Si esa era la buena noticia, aquí viene la verdad desafiante: a menudo, asignamos «debería» o «vergüenza» a nuestras emociones. Nos castigamos por atrevernos a ser menos alegres. Nos decimos a nosotras mismas: *Tengo tantas cosas buenas en mi vida, no debería sentirme así.* O, como seguidora de Jesús: *No debería seguir teniendo estos pensamientos negativos.*

Repite conmigo: «Mis emociones no son ni buenas ni malas. Simplemente son». Deja de juzgarte por sentirte como te sientes. Podemos decir «debería», pero eso no resuelve el problema. Lo único que hace es amontonar más sobre la emoción clave y evitar que encuentres la paz.

Así que aquí estamos, con las alarmas sonando. Lo sabemos. No nos gusta. Puede que nos sintamos avergonzados, por eso hemos intentado ignorar la cadencia por tanto tiempo. Piénsalo: estamos hechos para evitar el dolor. Es un mecanismo de supervivencia. Nos acercamos a lo bueno y nos alejamos de lo malo. Eso tiene sentido si nos enfrentamos a una estufa caliente, pero intentar ignorar, esconder o vivir alrededor del dolor emocional no funciona. El tiempo no cura todas las heridas.

Emocionalmente, intentamos autodiagnosticarnos, autotratarnos y, tristemente, automedicarnos. Estamos acostumbradas a resolver problemas, ¿verdad? Arreglamos cosas todo el día, todos los días. Pero esto (sea lo que sea) no parece tener arreglo. Es demasiado difícil, demasiado grande. Y nuestro amoroso Padre celestial tampoco lo ha arreglado todavía, lo cual solo aumenta nuestra frustración.

Guau. ¿Realmente acabo de decir eso?

Sí. Porque yo también he pasado por eso. He sentido esa frustración. Me he sentido insegura en cuanto a por qué Dios no ha entrado en esta parte de mi vida… todavía. Tal vez te sucede lo mismo.

¿Podemos hacer una pausa y recordar algo a nuestros corazones? Dios es bueno. Es perfecto. A lo largo de las Escrituras vemos su misericordia y compasión. Él se conmueve ante nuestro dolor. Solo Él nos sana; no hay sanidad sin Dios. Él es el único que puede crear, recrear y restaurar. Él es todosuficiente y se ofrece a sí mismo y a su amor plenamente.

Entonces, ¿por qué, si amamos a Dios plenamente y Él nos ama plenamente, seguimos luchando a nivel emocional? No hay una respuesta sencilla. Vivimos en un mundo roto. El pecado y sus consecuencias campan a sus anchas. El dolor, por injusto que parezca, es una realidad compartida a este lado del cielo. Y a veces, cuando tratamos de protegernos, el dolor y las heridas no resueltas crean barreras en nuestra vida, muros que nos impiden relacionarnos plenamente con los demás, incluido Dios. Estas barreras se quedan en nuestro corazón y nos provocan con mentiras. *No puedes confiar en nadie*, susurran. O tal vez: *Es obvio que no amas a Dios lo suficiente como para que te ayude*. O incluso: *Dios no te ama lo suficiente*. Las mentiras y el dolor, con el tiempo, se vuelven más fuertes que la verdad. Llevamos ambos, y estamos atrapados en el remolino del temor, preguntándonos por qué Dios no ha intervenido y ha hecho que todo eso desaparezca.

Considera esto: ¿y si el plan de amor de Dios para ti es más un viaje que un arreglo emocional de una sola vez? ¿Y si su plan incluye identificar los problemas clave que se han convertido en barreras que rodean tu corazón? ¿Y si ese acto bondadoso revela lo que hay en su corazón hacia ti: que Él no solo quiere dar paso a la sanidad, sino que también quiere que tú descubras más de su carácter y fidelidad en el proceso? Puede que incluso quiera revelarte verdades y consuelo para que puedas compartirlos con otros. Él está listo para amarte a través de un proceso que te lleve a un compromiso pleno y honesto con Él y con los demás.

Este es el viaje que Sandi y yo deseamos ayudarte a iniciar. Sobre todo, esperamos que interiorices esta verdad: la plenitud del amor de Dios puede invadir y acallar la confusión y el dolor de tu corazón. Aférrate a ese conocimiento mientras avanzamos, juntas, en este viaje de sanidad.

Como ayuda para este viaje, al final de cada capítulo hemos incluido una versión del Mapa de Sanidad que corresponde al paso hacia la sanidad que acabamos de explorar. Como ya he mencionado, creé el mapa después de observar puntos en común, o marcadores, en el proceso de consejería de muchos de mis clientes, incluida Sandi. El mapa pretende esbozar algunos marcadores comunes de progreso, a medida que avanzas hacia la sanidad y el crecimiento en la relación contigo misma, con los demás y con Dios.

A medida que veas progresos, te animarás a seguir por los terrenos más rocosos y las colinas más empinadas, mapa en mano. Sin embargo, la sanidad es algo más que seguir indicaciones. En cada punto del mapa, considera cómo te está guiando Dios, adónde te está pidiendo que vayas y qué provisiones te está dando a lo largo del camino. Estos marcadores pueden irte bien, o puedes descubrir otros que se aplican mejor a tu proceso particular. Cuando veas el Mapa de Sanidad después de leer cada capítulo, haz una pausa y reflexiona, y tal vez quieras anotar algunas cosas sobre tu progreso. También puede resultarte alentador ver el siguiente marcador del mapa mientras te planteas tus objetivos de sanidad.

Dios nos creó como seres emocionales, igual que Él. Piensa en la variedad de emociones que Él muestra a lo largo de la Biblia. Ese simple hecho debería demostrarte que las emociones no son ni buenas ni malas, sino que tienen un propósito increíble. Es más, nuestras emociones son como esas luces de advertencia que mencionamos; nos dicen que algo en nuestros motores internos necesita atención o de lo contrario vamos a tener problemas por el camino.

Poner nombre a una emoción —desarrollar un lenguaje emocional— nos ayuda a saber qué hacer con ella. Siéntate un momento en el espacio de tu emoción.

¿Qué sientes en este momento?

¿Te permites sentir lo que sientes? ¿Por qué sí o por qué no?

¿Qué intentan decirte las luces de emergencia? (No pasa nada si no lo sabes).

¿Cómo puedes invitar a Dios a entrar en esas emociones ahora mismo?

Y, después de que ustedes hayan sufrido un poco
de tiempo, Dios mismo, el Dios de toda gracia

que los llamó a su gloria eterna en Cristo, los restaurará y los hará fuertes, firmes y estables.

–1 Pedro 5.10

Pero de una cosa estoy seguro: he de ver la bondad del Señor en esta tierra de los vivientes. Pon tu esperanza en el Señor; ten valor, cobra ánimo; ¡pon tu esperanza en el Señor!

–Salmos 27.13-14

En ti confían los que conocen tu nombre, porque tú, Señor, jamás abandonas a los que te buscan.

–Salmos 9.10

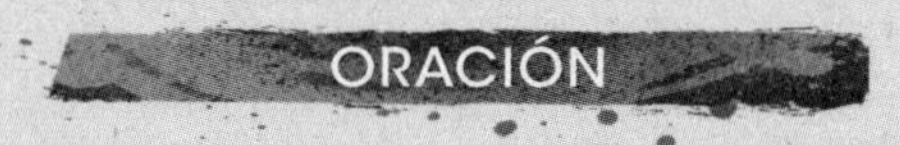

Dios, te agradezco que me hayas creado con emociones para que pueda experimentar plenamente la vida y el mundo que Tú has creado. Hay momentos en los que siento que mis emociones tienen lo mejor de mí y momentos en los que ignoro todas las luces de emergencia. Muéstrame lo que debo hacer con estas emociones profundas. Llena mi corazón y mi mente con tu fuerza, compasión y amor, por los demás y por mí misma. Amén.

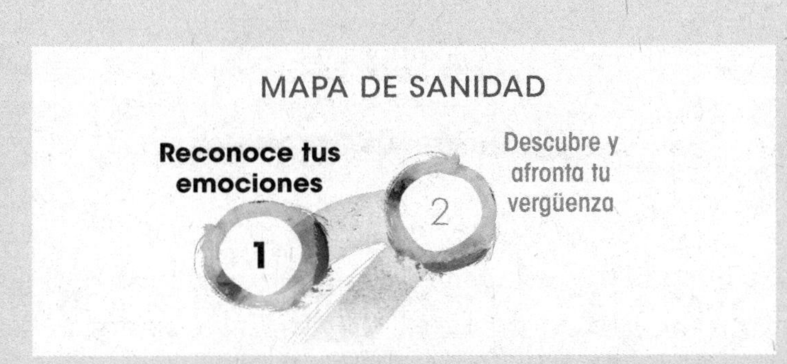
MAPA DE SANIDAD
Reconoce tus emociones
1
2
Descubre y afronta tu vergüenza

CAPÍTULO 2

¿QUÉ VERGÜENZA?

En la terapia de hoy, Michelle introdujo la palabra vergüenza. Sugirió que era la causa de muchos de mis problemas. Como conozco mis problemas desde hace mucho más tiempo que ella, discrepé amablemente. Negué con la cabeza y le dije que no luchaba contra la vergüenza.

Me preguntó si sabía lo que era la vergüenza. Le dije: «Vergüenza es lo que sientes cuando has hecho algo malo. Y sé que he hecho muchas cosas mal en mi vida, pero no creo que cargue con vergüenza».

Con una leve sonrisa, sacó un papel y empezó a escribir. Unos instantes después, me lo entregó y me pidió que lo leyera antes de volver la semana siguiente. Lo doblé y lo guardé en el bolso. Una parte de mí no quería reconocerlo.

Sin embargo, después de salir de la consulta, lo abrí y empecé a leer. Fue chocante. Sentí como si me estuviera mirando en un espejo. Me identifiqué con todo lo que había escrito. Me vi a mí misma. Y empecé a llorar.

Pensé que estaba aquí para aprender a gustarme a mí misma. Ahora, tengo la desagradable sensación de que para avanzar en el viaje primero voy a tener que volver atrás. Volver a donde la vergüenza se plantó por primera vez en mi corazón, para crecer en los lugares más oscuros de mi concepto de mí misma.

Quiero correr y esconderme. Pero eso es lo que he hecho por años, y no ha servido de nada. Mi oración de hoy es una súplica: «Dios, ayúdame a quedarme. Ayúdame a mirar atrás. Ayúdame a caminar hacia delante. Confío en Ti».

- Sandi

No me di cuenta en ese momento, pero la consejería era una invitación. Una puerta abierta al descubrimiento. ¿No es irónico que, por un lado, nos conozcamos mejor que nadie y, por otro, a menudo no podamos ver lo que tenemos delante (o dentro)? Contacté con Michelle porque no sabía qué hacer. Sabía que algo iba mal, pero no tenía ni idea de lo que era ni de qué hacer al respecto.

Una perfecta desconocida identificó al instante la vergüenza como una de mis luces de advertencia. Yo no tenía ni idea. Entonces, de repente, el dolor y la vergüenza ocultos, escondidos en lo más profundo de las grietas de mi corazón, recibieron una invitación a salir a la luz para explorarlos, comprenderlos y desafiarlos con la verdad. Si la vergüenza se esconde en la oscuridad, era hora de encender la luz y dar paso a una reflexión sincera. Por cierto, es más fácil decirlo que hacerlo.

Michelle dijo que mi reacción visceral a lo que había escrito sobre la vergüenza significaba que estábamos llegando a alguna parte. No sabía que «llegando a alguna parte», en el código de los consejeros, significaba «solo estás arañando la superficie». Podría haber dicho fácilmente: «Abróchate el cinturón, esto se va a poner feo».

En el centro de la página Michelle escribió mi nombre: SANDI. Alrededor de mi nombre (como un triángulo) escribió tres palabras: trauma, abuso, abandono. Me explicó que, en el núcleo, yo soy quien Dios me creó para ser, pero que también he sido moldeada por mis experiencias pasadas. Estos acontecimientos dejan huellas de vergüenza en mi vida. A causa de nuestro pasado, aprendemos a defendernos, a encubrirnos y a enmascararnos, lo que se traduce en determinadas conductas.

Debajo del «triángulo de la vergüenza» anotó:

- Sentimientos encontrados
- Perfeccionismo
- Humor para encubrir los problemas
- Comportamiento de resolución de problemas
- Búsqueda de aprobación
- Sentimientos de insuficiencia
- Impulso para actuar
- Vive constantemente en guardia
- Esperando la traición que vendrá seguro

«¿Te suena algo de eso?», me preguntó. Recuerdo que pensé: *¿Cómo me conoce tan bien? Acabamos de conocernos*. Sin embargo, me describió con un 100 % de exactitud.

Mientras comentaba la hoja de papel en su despacho, me sentí expuesta y confusa. Me sentí un poco incómoda. No podía quedarme quieta. Jugueteé con un pañuelo en la mano. Moví los pies. Me reacomodé en el asiento, crucé las piernas. Tal vez seguía retorciéndome porque tenía la sensación de que ella estaba cazando, buscando algo, y esperaba que no pudiera acertar si el objetivo seguía moviéndose. No me gustaban las palabras *vergüenza*, *trauma*, *abuso*, *abandono*. Nunca había pensado en mi vida en esos términos. No me gustaba la idea de que algo de eso formara parte de mi pasado o siguiera teniendo un impacto en mi vida. Quería negarlo, pero las dos sabíamos que era cierto. Quería dejarlo y no hablar más de ello, pero sabía que no serviría de nada. Lo que hice, en cambio, fue sentarme y llorar.

Michelle me preguntó por qué hablar de vergüenza provocaba una reacción tan fuerte. Yo no sabía la respuesta. Pero dije lo primero que se me ocurrió: «La vergüenza suena horrible y no quiero admitir que forma parte de mi vida. Si la vergüenza es mala y estoy lidiando con ella, entonces ambas sabemos lo que eso significa. Ahora sabes lo que yo he sabido todo el tiempo. Por eso no me gusto».

Su respuesta me dejó atónita. Podría haberme sermoneado, recordándome que Dios me ama y que yo también tengo que amarme a mí misma, o haberme dado la razón en que yo era una causa perdida (esta era una clara posibilidad en mi mente). En cambio, me dijo: «Sandi, ¿y si las conclusiones que has sacado sobre ti misma no están basadas en la verdad? ¿No te gustaría saberlo? ¿Es posible que te hayas aferrado a algo que no es verdad, pero que crees que lo es?». Eso me llamó la atención por dos razones. En primer lugar, valoro la verdad, y me inquietaba pensar que he creído en una mentira por tanto tiempo. En segundo lugar, su pregunta estratégica no dejaba lugar a la vergüenza. No se trataba de lo que yo sentía. Se trataba de buscar la verdad. Desafiaba mis pensamientos negativos, pero también me invitaba a participar en el proceso. No sentí que ella estuviera de un lado y yo del otro. Me invitó a participar en el viaje de descubrimiento. Y su pregunta se me quedó grabada. ¿Era posible? Una parte de mí quería creer que era posible, otra dudaba y otra sentía curiosidad. ¿Y si tenía razón? ¿Qué es la vergüenza? ¿De dónde viene? ¿Siempre me susurrará o me gritará? ¿Cómo puedo distinguir entre la vergüenza y la verdad? ¿Me he aferrado a la que no debía?

Con todo esto dándome vueltas en la cabeza, le dije: «Michelle, supongo que es posible que mis conclusiones sobre mí misma no sean ciertas. Pero no estoy segura de que tengas razón. Yo sé lo que sé». Las pruebas parecían claras y convincentes. Aunque mi mente sabía lo contrario, en mi corazón el veredicto ya se había emitido: yo no valía nada.

Cuando recuerdo aquella conversación con Michelle, veo que fue como si hubiera declarado un nuevo juicio en mi nombre. Quería que examinara las pruebas con objetividad. Esta vez, no habría un fiscal vergonzoso tomando la iniciativa. Íbamos a volver atrás y mirar todo con un nuevo lente.

Parecía una gran montaña que escalar. La idea era abrumadora. Y la mera idea de que algo de mi pasado siguiera causando estragos en mi vida actual me enfurecía. Me creía más fuerte que eso. Más resistente. Frustrada, me dije: «¡Qué tontería! Tengo una vida estupenda. Nunca pienso en mi pasado. Estoy enojada conmigo misma por dejar que cualquier cosa de mi pasado perturbe las cosas buenas de mi vida actual. Qué estúpida soy».

Sí, estúpida. Esa era una de mis palabras favoritas durante la terapia. Nunca llamaría estúpida a otra persona. Sin embargo, me salía muy fácil cuando me describía a mí misma. Una y otra vez. ¿Por qué nos decimos cosas a nosotros mismos que nunca diríamos a nadie más? Porque la vergüenza nos convence de cosas que no son ciertas. Y la vergüenza hablaba claro y alto ese día. Lo que escuché decir a la vergüenza fue: «Eres estúpida».

Gracias a Dios, lo que escuché decir a Michelle fue: «Cargas tanto con el dolor como con la vergüenza. Sabes que una es un hecho, pero crees que la otra es verdad. Y eso es algo en lo que podemos trabajar».

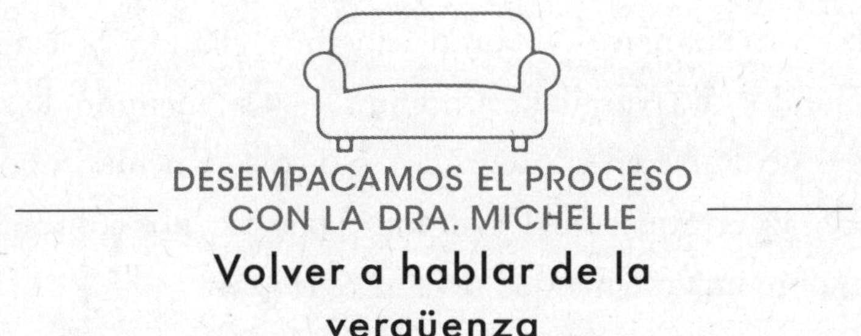

DESEMPACAMOS EL PROCESO
CON LA DRA. MICHELLE

Volver a hablar de la vergüenza

Si las flores de tu jardín son emociones como la alegría, la gratitud, la paz y la compasión, la vergüenza es la mala hierba perenne que roba nutrientes a tu hermosa vida. La vergüenza es algo más que la duda sobre uno mismo, una baja autoestima o el reconocimiento de que has metido la pata. En esencia, le dice a tu corazón y a tu mente: «Soy una mala persona». Nos hace querer encogernos, escondernos, hacernos aún más pequeños de lo que nos sentimos.

La vergüenza es también una de las emociones más incomprendidas y descuidadas con las que cargamos. Por un lado, a menudo no somos conscientes de su presencia e influencia, y eso, lamentablemente, permite que esta mala hierba desatendida crezca y florezca en nuestras vidas. Es más, cuando experimentamos ese momento de luz con la vergüenza, como le ocurrió a Sandi, se crea una respuesta emocional poderosa y puede evocar el deseo de alejarse del proceso de sanidad. Pero es imperativo que no lo hagamos. La vergüenza puede ser una de las emociones más comunes y destructivas que tenemos, y verla como lo que es —la más espinosa de las malas hierbas— es clave antes de que pueda comenzar la sanidad.

¿Qué necesitamos saber sobre la vergüenza para identificarla correctamente y cómo sabemos cuándo la estamos padeciendo? La vergüenza intenta —y a menudo lo consigue— ocultarse en la oscuridad. No solo se oculta, sino que se pudre y germina con el tiempo. Al hacerlo, nos convence de cosas sobre una misma que no son ciertas:

- No soy linda.
- No puedo ser honesta respecto a mis sentimientos.

- Si conocieran mi verdadero yo, no les gustaría.
- No soy digna de esta amistad.
- Nunca seré lo suficientemente buena.
- No importo.
- Soy mala.
- Hay algo fundamentalmente roto en mí.

¿Oyes alguno de esos mensajes de vergüenza en tu cabeza? Tal vez esas voces parezcan más fuertes que las de Dios o fuertes que las voces positivas que te dicen que estás bien, que te estás esforzando al máximo, que sigues siendo una persona de valor.

La vergüenza es una plaga emocional y relacional muy destructiva. Es el arma que utiliza el enemigo de nuestra alma para (1) corromper nuestra relación con Dios, con nosotros mismos y con los demás, e (2) impedir que utilicemos los dones que Dios nos ha dado. La vergüenza puede estar profundamente arraigada en los mensajes de la infancia, como Sandi empezó a comprender a partir de su propia historia de abandono y trauma. Esos mensajes yacen en lo más profundo de nuestro cerebro y de nuestro cuerpo, y pueden discurrir sigilosos bajo la superficie hasta que ya no pueden contenerse más.

Nadie quiere reconocer la vergüenza en sí misma, y ahí es exactamente donde el enemigo quiere que te quedes. Esta es la dura noticia: todos tenemos algo de vergüenza. Es algo que todos hemos experimentado, desde el nivel superficial (como esa ligera vergüenza al tropezar con un escalón) hasta la humillación o el rechazo profundos (una traición por parte de un padre o un cónyuge, por ejemplo).

Curt Thompson, en su libro titulado *The Soul of Shame*, señala que hay dos formas en que la vergüenza se manifiesta en nuestras vidas:

Vergüenza oculta

Es la vergüenza que te guardas para ti. Puede reflejarse en la suposición de que si supieran quién eres en realidad no le gustarías a nadie. Piensas: *¿Cómo voy a gustarle a alguien si ni siquiera me gusto a mí?* Mientras tanto, nadie conoce tu lucha diaria por esconderte tras una máscara de aparente perfección. Esto puede causar un distanciamiento en las relaciones, como resultado de guardarte a ti misma —y a los demás— de ver lo mala que eres. Cuando Sandi vino a la consulta para una de nuestras primeras sesiones, dijo: «Sé que mi esposo y mis hijos me aman, pero no lo siento». La vergüenza causaba una barrera entre lo que ella sabía racionalmente (que su familia la ama como muestran sus palabras y acciones) y lo que podía aceptar como factible en su corazón.

Vergüenza visible

Esta aparece como el espíritu crítico. Sí amiga, *ese*, ese del que Jesús nos advirtió cuando dijo: «No juzguen a nadie, para que nadie los juzgue a ustedes» (Mateo 7.1). Reaccionamos a nuestra vergüenza volcándola en los demás. Incluso podemos pensar que estamos siendo críticas por la responsabilidad, pero en realidad estamos proyectando nuestra propia vergüenza esperando la perfección de los demás. De cualquier manera, interior o exterior, exteriorizamos nuestra vergüenza. Puede manifestarse en la ausencia de relaciones de confianza: la vergüenza nos ha dicho que no podemos confiar en nadie y, por eso, nuestras relaciones están plagadas de sentimientos de posible abandono y rechazo. La vergüenza también puede decirnos que no merecemos el amor de los demás, por lo que huimos de las relaciones profundas. Los signos externos de la vergüenza pueden manifestarse en todo tipo de conductas de afrontamiento: consumir demasiado alcohol para acallar esa voz negativa, o esforzarnos en exceso en el ministerio para demostrar que somos dignos de los demás y de Dios... hay muchas maneras.

¿Por qué es tan difícil admitir que podemos tener algo de vergüenza? Como cristianos, nos cuesta acercarnos al mal. Tenemos —y deberíamos tener— una reacción natural adversa a cualquier cosa asociada con el enemigo. Por eso, evitamos reconocerlo. Pero al mismo tiempo, vivimos en la oscuridad de no ver la vergüenza como lo que es. Quién es: la destructora de almas, la ladrona de luz, la fabricante de máscaras.

La duda, la comparación, el sentimiento de insuficiencia, la ira interior o la rabia se desbordan. Estamos intranquilas y no sabemos por qué. Nos falta la paz. Oh, esas malas hierbas menesterosas y vergonzosas, que chupan la vida, la alegría y la paz de nuestras mentes y corazones.

Otros nos miran y ven la belleza exterior: sonrisas, familia, éxitos. Ven las flores. Ciertamente forman parte de nuestro jardín, pero vemos y sentimos la mala hierba que se arrastra por debajo, lo que nos hace sentirnos falsas. Sentimos que no podemos ser sinceras con los demás sobre lo que se esconde debajo por miedo a que nos vean como malas personas. Si los demás conocieran la mala hierba, ¿no nos rechazarían? Y así, la mala hierba crece en la oscuridad y el silencio. Puede que ni siquiera conozcas el tipo de mala hierba que hay en tu vida. Tal vez simplemente sepas que hay algo que no funciona y que te inquieta. Puede que sientas los efectos de la desnutrición emocional. Quizá sientas que estás peligrosamente cerca de un punto de inflexión o de un estallido. Puedes sentirte atrapada en un bucle de indecisión o pérdida de motivación. Es posible que veas que tu vida se ve privada de alegría y que tus relaciones se ven afectadas negativamente.

¿Qué haces con todo eso?

Te invito a comenzar a enfrentarte a la vergüenza. Sinceramente, esta es una de las partes más agotadoras. Afrontar la vergüenza es un trabajo duro. Reconocer que la vergüenza te ha estado susurrando (o gritando) al oído no es fácil. Tampoco lo es identificar lo que la vergüenza está diciendo y hacerla responsable ante la verdad del amor de Dios. Este es un proceso continuado, con el que se puede bregar por años a medida que se identifican los factores desencadenantes y la verdad sigue siendo revelada frente a las persuasivas mentiras. En mis años de consejería, he encontrado un patrón que es algo único de la vergüenza. Muchos de mis clientes saben (cognitivamente) que Dios los ama y los acepta, pero el corazón —¡oh, el corazón!— es otra cosa. El corazón quiere aferrarse a la vergüenza. Quiere creer las mentiras porque eso es lo que ha hecho por mucho tiempo. Y uno halla seguridad en creer algo, aunque sea dañino. Puede ser lo que siempre has conocido, hasta ahora.

La vergüenza, en este mundo roto, siempre puede tener voz. Estuvo ahí en el jardín del Edén cuando Adán y Eva se escondieron de Dios, y aún hoy perdura entre nosotros. Pero no estamos sin esperanza ni defensa. Podemos disminuir la influencia de la vergüenza viéndola como lo que es: un susurro del padre de mentira que quiere herir el alma (ver Juan 8.44).

El enemigo sabe que hay poder en la palabra hablada. Dios usó su voz en la creación para dar existencia al mundo. Su Palabra sigue viva, activa y poderosa cuando habla en nuestras vidas (ver Hebreos 4.12). Por otro lado, el enemigo usa su voz para condenar, confundir y avergonzar.

Pero tú también tienes voz. ¿Estás dispuesta a usarla? ¿Estás dispuesta a hablar honestamente al Señor, al enemigo y a ti misma? Es posible que te resulte incómodo y extraño. Pero uno de los pasos más grandes y valientes para poner en consonancia el cerebro y el corazón es decirlo a viva voz: «Siento vergüenza porque (inserte aquí el asco vergonzoso)».

Pero no te detengas ahí. Continúa: «Pero elijo creer la verdad: soy amada».

Si estás sola en una habitación, dilo en voz alta. Declara la emoción. Sácala a la luz del día. Dísela al Señor. Él te está escuchando atentamente, y desea liberarte de la vergüenza que te ha mantenido en un lugar de oscuridad por tanto tiempo. ¡Ha llegado el momento!

Salmos 34.5 proclama: «Radiantes están los que a él acuden; jamás su rostro se cubre de vergüenza». Estás dando un gran paso. Te estás inclinando e invitando a Dios a que haga brillar su luz en tu corazón y en tu mente. A medida que te enfrentas a la vergüenza, el dolor y las mentiras, lo haces con el amor incondicional de tu Padre, que no solo revela la verdad, sino que también te ha dado una voz para decirla:

Hoy reconozco que lucho contra la vergüenza.

Hoy acepto la invitación a afrontar la vergüenza, tanto la visible como la que está oculta.

Hoy elijo creer que soy amada.

Hoy miro al Señor. Gracias a su luz en mi vida, soy radiante y acepto la liberación de la vergüenza que Él me ofrece.

Hoy caminaré en la verdad del descubrimiento y la sanidad.

La vergüenza tiene el potencial de hacernos callar, de dejarnos atrapadas en ese ciclo interminable tras un suceso doloroso. Por un lado, nos creemos la mentira de que el daño o el fracaso nos definen y, por otro, la vergüenza nos convence de que nunca podremos recuperarnos. Así una y otra vez hasta que se pronuncia la vergüenza y sale a la luz de la verdad. Este capítulo ha sido un desafío a ese mensaje y, con suerte, te ha ayudado a ponerle nombre a la vergüenza. En este tiempo de reflexión, escarba un poco más en la raíz de tu vergüenza, y comienza a usar los textos bíblicos y oraciones que incluimos a continuación para aliviar la vergüenza.

¿Qué reacción tienes cuando piensas en la vergüenza?

____

____

¿Ves algún indicio de vergüenza en tu vida? ¿Cómo ha afectado a los pensamientos que tienes sobre ti misma? ¿Te ha impedido participar plenamente en tus relaciones? ¿Contigo misma? ¿Con los demás? ¿Con Dios?

____

____

¿Puedes empezar a identificar las raíces de tus sentimientos de vergüenza? Quizás provienen de un mensaje de uno de tus padres cuando eras niña, de un amigo de la escuela secundaria o de un cónyuge maltratador. Tal vez puedas identificar un mensaje o un conjunto de mensajes que has escuchado muchas veces.

¿De quién procedía? ¿Qué mensaje te transmitió para que te sintieras cubierta de vergüenza?

¿Qué mensaje vergonzoso puedes empezar a sustituir por una verdad? Por ejemplo, cambiar «Merezco el rechazo» por «Soy aceptable y aceptada». No pasa nada si no te lo crees del todo (todavía). Identificarlo y escribirlo son los primeros pasos.

Confía en el Señor de todo corazón, y no en tu propia inteligencia. Reconócelo en todos tus caminos, y él allanará tus sendas.

PROVERBIOS 3.5-6

Así dice la Escritura: «Todo el que confíe en él no será jamás defraudado».

ROMANOS 10.11

Por cuanto el Señor omnipotente me ayuda, no seré humillado.
Por eso endurecí mi rostro como el pedernal, y sé que no seré avergonzado.

— ISAÍAS 50.7

Dios, confieso que he sentido más vergüenza que libertad. Más vergüenza que alegría. A veces más vergüenza que cualquier otra cosa. Pero, Señor, te pido que me ayudes a salir de debajo del peso de la vergüenza. Dame de tu fuerza granítica frente a las mentiras, y ayúdame a reemplazarlas con tu verdad: que no soy una deshonra, gracias a tu misericordia y gracia. Sé por tu amor que no seré avergonzada. Amén.

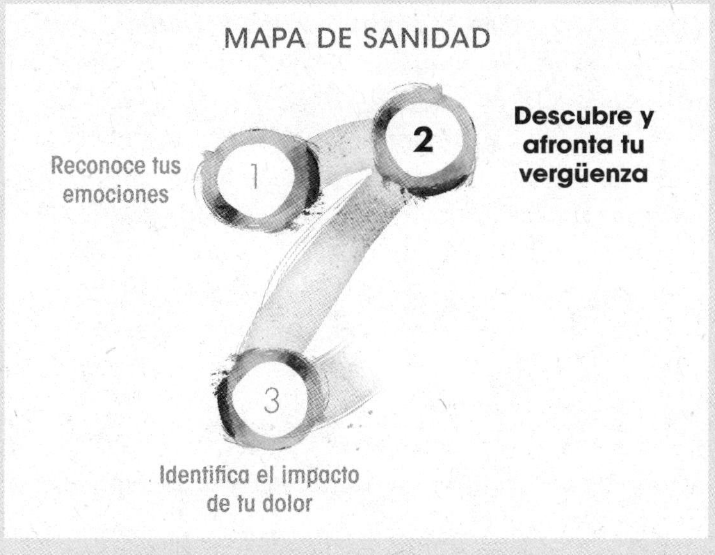

Capítulo 3

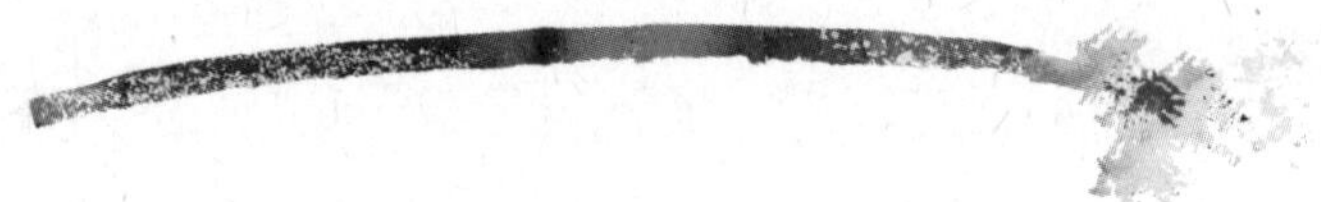

REFUGIO SECRETO

Tenía cinco años la noche que mi padre abandonó a la familia. Mi madre y mi padre estaban discutiendo. Muy fuerte.

Gritaban. Mi padre dijo que se iba y que quería llevarse a mi hermano. Mi hermano no quiso ir con él. Mi padre se marchó.

Eso es. Ese es mi primer recuerdo de infancia. Mientras le contaba los sucesos de aquella noche a Michelle y los revivía, los detalles inundaban todos mis sentidos. Podía ver el salón. Oía los gritos de mis padres. Todo fuerte. Sus voces. Su dolor. La desesperación. El miedo. Sus palabras eran como armas. Todos estaban siendo golpeados, verbal y emocionalmente. Nadie iba a salir ileso de aquello. Mi hermano corrió a su cuarto.

No recuerdo las últimas palabras que dijo. Pero sí recuerdo las dos últimas cosas que hizo mi padre: intentó sin éxito convencer a mi hermano de que se fuera con él. Y luego salió por la puerta.

En mi memoria, estaba escondida detrás de la silla, agachada para evitar las palabras que se lanzaban, la plenitud del dolor en el salón.

«¿Por qué no corriste a tu dormitorio?», preguntó Michelle. Nunca me lo había planteado. Pero sabía la respuesta. No corrí porque quería quedarme y proteger a mi madre. Estaba sufriendo. Mi corazón simplemente estaba

roto por ella, en una versión para niñas de cinco años de la idea adulta de compasión.

Entonces sucedió. Como si desempacáramos una vieja caja del desván y encontráramos algo olvidado pero valioso, algo salió a la superficie mientras hablábamos de aquel doloroso recuerdo. Salió a la luz.

En una palabra, no era querida.

– Sandi

Ahora que reflexiono sobre aquellas primeras sesiones de consejería, tiene sentido. Era obvio que yo cargaba con mucha vergüenza. (Bueno, era evidente para Michelle, no para mí. Todavía me cuesta creer que no fuera consciente de una voz con tanta influencia en mi vida). Pero si la vergüenza me había estado hablando todos estos años, ¿de dónde venía? Tenía que haber una raíz, un «porqué» que hubiera provocado la reacción en cadena de emociones encontradas que se arremolinaban en mi interior desde hacía una eternidad.

Por supuesto, había sacado mis propias conclusiones sobre por qué me sentía así: yo era una persona a la que sin problema se podía ignorar, abandonar, dejar atrás. Ahora sé que ese era un mensaje arraigado en la vergüenza. Pero si la vergüenza era una mala hierba resistente decidida a enviar brotes venenosos de culpa y condena a mi corazón, ¿qué había en su núcleo? ¿Cuál era la raíz? Michelle me explicó que no basta con reconocer la lucha contra la vergüenza. La sanidad comienza cuando identificamos el mensaje de raíz de nuestra vergüenza y lo reconocemos como una distorsión de la verdad.

El viaje de descubrimiento, para mí, empezó con mi primer recuerdo, la noche en que mi padre se marchó. Se me invitaba a comenzar a desentrañar esos recuerdos y los mensajes resultantes con la esperanza de descubrir las raíces de mi vergüenza y mis pensamientos incongruentes. Como había guardado todo mi dolor en mi interior, nadie me había ayudado a discernir la verdad de la distorsión ni a cuestionar el relato negativo que me había contado a mí misma una y otra vez. Gran parte de nuestro tiempo de terapia lo pasamos volviendo a hablar del pasado para poder distinguir claramente el dolor de la vergüenza y entender cómo tratar ambos.

Me estaba dando permiso para pensar de forma diferente. Le estaba dando permiso a Michelle para presentarme una nueva perspectiva y visión. Esto es lo que vi: la noche en que mi padre se fue confirmó a mi corazón de cinco años que él no me quería. Al igual que mi hermano, yo no quería irme con mi padre. Pero sí quería ser querida. Quería que me quisiera como quería a mi hermano. Pero no lo hizo. Le había pedido a mi hermano que fuera con él, pero a mí no. Yo era la no deseada.

A un nivel profundo, eso es lo que he sentido desde aquella noche hasta hoy: no querida. Los puntos nunca se habían conectado antes en mi mente. Pero ahora era obvio, la incongruencia evidente: sabía que mi padre había abandonado a nuestra familia, y creía que yo era la no deseada. Nunca he sabido si mi padre me amaba, pero sí sé que no me quería.

Ahora podía ver que mis sentimientos de odio hacia mí misma habían comenzado con la negativa de mi padre de conectar emocionalmente conmigo aquella noche y a lo largo de nuestra relación a medida que fui creciendo. Esta era la mala hierba no deseada que había extendido la vergüenza y afectado a todas las áreas de mi vida.

La verdad estaba aflorando. Claramente. No sé si habría podido expresarlo así cuando tenía cinco años, pero la noche en que mi padre se marchó empezó en mí un anhelo de ser querida, un ansia y un miedo que no entendería por años. Vi lo que era ser querida y sentí lo que era no ser querida. Era una mezcla de deseo de amor y miedo al rechazo. Sí, deseo y rechazo: esos dos enemigos bien conocidos han estado rondando por mi mente y mi corazón por años. La tensión es real. Sus voces son fuertes.

Esa noche también comenzó un anhelo de ser buena. Tenía que haber alguna razón por la que mi padre no me quería. Llegué a la conclusión de que yo sería mala o no lo bastante buena. No creo que fueran pensamientos conscientes que pasaran por mi tierna mente, pero estoy muy segura de que se convirtieron en convicciones muy arraigadas. Sabía que eran ciertas porque las sentía intensamente. He llevado conmigo en silencio esa versión de la verdad por décadas.

Había surgido la raíz de los pensamientos incongruentes. Dos mensajes en conflicto. La dolorosa experiencia de la marcha de mi padre era real. Pero la vergüenza había inyectado un relato negativo que me había creído al dedillo: yo no era querida. Conocía los hechos. Y sentía vergüenza. He cargado con ambas cosas.

Me acordé de las docenas (si no más) de cartas que le escribí a mi madre cuando era pequeña. Todavía las tiene guardadas en cajas y las saca de vez en cuando. Todas esas cartas manuscritas son exactamente iguales:

Querida mamá

¡Te amo!

¿Tú me amas?

Sí o No

(por favor, rodea con un círculo)

Durante años, nos hemos reído y hemos mirado con cariño esas cartas como un recuerdo de la inocencia infantil y de nuestra estrecha relación. Pero en mi sesión con Michelle, por primera vez, sentí que realmente escuchaba los mensajes escondidos en esas cartas:

«Mamá, todavía te amo. Espero que eso haga que tu corazón se sienta mejor».

«Mamá, a mí también me duele el corazón».

«Sé que me amas, mamá. Pero aún me siento no querida. ¿Puedes ayudar a mi corazón herido?».

Insisto, nunca lo había visto, pero ahora resultaba evidente que los pensamientos incongruentes en mi mente siempre habían estado ahí. Las cartas eran la prueba. Sabía que mi madre me amaba, pero había creído que nadie me quería ni me amaba. Y, al creerlo, había mantenido mis sentimientos enterrados en mi interior, una o dos capas bajo mi comportamiento de «niña buena». Más aún, comencé a negarme a reconocer mi dolor o mis sentimientos. No quería añadir más sufrimiento a la dinámica familiar, así que no reconocía el dolor que llevaba dentro. Pensaba que tenía que proteger el corazón de mi madre. Ella ya estaba sufriendo mucho dolor y pérdida. Yo no quería empeorarlo.

«¿Tenías compasión de ti misma?», preguntó Michelle. La respuesta sincera fue dolorosa de admitir: no, no sentía compasión ni empatía por mí misma. Veía a mi madre como una víctima inocente. Me veía a mí misma como me veía mi padre: como alguien que no merecía su amor, alguien a quien era fácil abandonar. Tenía un feroz sentido del deber de proteger a mi madre, la herida. Pero yo no me veía de la misma manera. Por mí no merecía la pena luchar.

Había una ambivalencia hacia mí misma de la que nunca me había dado cuenta. Michelle lo describió como estar insensible o emocionalmente muerta ante mi propio dolor. Aunque me resultó difícil oírlo, me pareció cierto. Para muchas de nosotras, esta insensibilidad funciona bastante bien al principio, como mecanismo de protección cuando el dolor puede ser demasiado grande. Probablemente, de pequeña tenía más sentido intentar no sentir nada que reconocer y absorber el dolor del rechazo. Pero la práctica habitual de ese mecanismo de defensa, con el tiempo, formó en mi mente la creencia de que era insignificante y de que mi dolor no importaba.

¿Oyes la tensión de esa situación? Estaba herida emocionalmente. El dolor no resuelto gritaba. La vergüenza se hacía oír. Ambas eran voces fuertes y no deseadas, así que opté por ignorarlas. Elegí la insensibilidad.

Ahora, en mis sesiones con Michelle, se presentaba una nueva opción. La pregunta que se me planteaba era: «¿Estoy preparada para darme permiso para sentir?». No sabía muy bien qué significaba eso. No estaba segura al cien por cien de querer sentirlo todo. Pero quería mejorar. Y aunque parecía una propuesta aterradora, otro momento seguro de tirarme a la piscina desde lo alto, parecía necesario y potencialmente útil darme ese permiso. No entendía por qué necesitaba la invitación. Pero la necesitaba. Necesitaba darme permiso para cambiar de rumbo y reconocer que mi dolor era importante. Que tenía voz. Que no era simplemente un recuerdo, algo ligado a una fecha del calendario.

La verdad es que el dolor merece ser escuchado. Tiene mucho que enseñarnos. El mío tenía mucho que enseñarme, pero pasé mucho tiempo ignorándolo, cuando reclamaba ser reconocido. El dolor, como había descubierto en mis sesiones, es una luz de emergencia. Se puede ignorar por un tiempo, pero no sin consecuencias.

Incluso en la edad adulta, siempre había sabido que tenía una relación rota con mi padre. Pero no me había dado cuenta del impacto de esa relación dañada y de cómo me relaciono conmigo misma. Cómo pensaba de mí misma. Cómo me hablaba a mí misma, el diálogo interno que todos tenemos. Tenía una relación rota conmigo misma. Las voces y los mensajes negativos que había escuchado tan a menudo por décadas tenían su origen en mis sentimientos de abandono y rechazo. Simplemente no lo sabía y no sabía qué hacer al respecto. Pero, por primera vez en mi vida, me di cuenta de que había razones detrás de toda esa negatividad autoinfligida.

¿No es irónico? Las mismas voces que había intentado reprimir por décadas eran las luces de emergencia que Dios utilizaba ahora para revelarme el camino hacia la sanidad. Solo esa claridad me produjo una sensación de alivio. Con este nuevo lente de la verdad y la comprensión, estaba empezando a ver el parloteo interno negativo como lo que era: la voz del dolor y la vergüenza no resueltos.

Mientras procesaba el recuerdo de la partida de mi padre, Michelle también preguntó: «¿Dónde estaba Dios?». Nunca había pensado en eso. Pero mientras hablábamos del recuerdo y orábamos por claridad, sentí que Dios me abría los ojos a algo que no había visto o considerado antes. Me vi a mí, con cinco años, encogida detrás de la silla, asustada y llorando. Pero vi que Dios también estaba allí. Su presencia. Conmigo. No había sido consciente de Él entonces, pero ahora estaba muy claro. Dios no estaba «allá arriba», en algún lugar, a una cómoda distancia. Estaba cerca. Estaba conmigo. Sentía como si Él supiera que lo necesitaba, y por eso quería estar allí. No importaba si me daba cuenta o no; Él seguía allí, atendiendo al «más pequeño» *de los suyos.*

No puedo explicar lo poderosa que fue la imagen de ver a Dios acercándose a mi temeroso y roto corazón. Él no me había abandonado. Eligió estar cerca de mí. Él quería estar cerca. ¡De mí! La mentira había dicho que yo no era querida y que estaba sola. La verdad era casi demasiado poderosa para comprenderla: el Dios del universo se había acercado a mí aquella noche. Aquello me reconfortó y me dio mucha claridad. Si Dios estaba conmigo entonces, está conmigo ahora.

Eso también es cierto para ti. Dios estuvo cerca cada vez que tu corazón se rompía, y Él está aquí ahora. No se irá. Permanecerá cerca mientras tu corazón roto comienza a sanar.

Sabía que la terapia no era un campeonato de partido único. Aún estábamos en las primeras fases del proceso. Habría más luchas y éxitos, pero este era un buen comienzo. Los detalles y los recuerdos no eran un mero cúmulo de dolor. A la luz, parecían diferentes. Estaba discerniendo la verdad, estaba reconociendo la vergüenza, ya no era insensible y era capaz de sentir. Algunas emociones eran tristes, sí, pero otras eran tranquilizadoras. Sentía que había probado un poco de libertad y quería más. No quería esconderme en la oscuridad, detrás de una silla o de una mentira. Quería toda la libertad que estuviera a mi alcance.

Conectar recuerdos

Al analizar tu dolor personal, una acción clave es cobrar ánimo. Para mí, «cobrar ánimo» tiene varios significados. Tradicionalmente, cobrar ánimo significa recibir aliento, sobre todo cuando nos sentimos abatidos o decepcionados. La forma más pura de este ánimo se encuentra en unas palabras de Jesús en Juan 16.33: «Yo les he dicho estas cosas para que en mí hallen paz. En este mundo afrontarán aflicciones, pero ¡*anímense*! Yo he vencido al mundo» (el énfasis en «anímense» es mío).

En mi definición, cobrar ánimo también significa llevar a cabo un estudio intencionado de tu corazón. Hacer literalmente balance de tu corazón y de ti misma, y estar dispuesta a examinar cómo los lugares dolorosos y rotos y los lugares alegres y libres chocan entre sí en tus experiencias. Hacer balance es examinar cómo tus emociones, pensamientos y comportamientos han formado un patrón a partir de estas experiencias. Como parte de la verdadera sanidad, debemos sacar las cosas importantes a la superficie, donde podamos mirarlas. Los sucesos enterrados —u olvidados sin querer— pueden prolongar el dolor y causar grandes trastornos en otras partes de nuestra vida. No es un ejercicio fácil, pero te prometo que te ayudará a entender tu historia y cómo se han desarrollado sus capítulos y han afectado a tu hoy.

Estudiar tu corazón es empezar a explorar con valentía los primeros recuerdos de un momento decisivo. Estos recuerdos pueden ser tanto positivos como dolorosos. Este es el momento en el que quizá sientas que quieres dejar este libro y marcharte, pero mantén tu corazón valiente bajo el brazo y vuelve al libro. Cuando exploramos esos recuerdos, empezamos a dar sentido a nuestros patrones emocionales, cognitivos y conductuales. Los recuerdos no son solo imágenes flotantes, sino ricas fuentes de material tangible: «¡Ah, por eso hago lo que hago!». Dedicar tiempo a explorar las experiencias vitales también puede servir para aclarar los «recuerdos confusos», esas sensaciones vagas que tenemos, pero que no podemos identificar con claridad. Si escribes y registras estos recuerdos, puedes empezar a comprender los temas dominantes de tu vida. Solo cuando llegamos a comprenderlos podemos empezar a cambiar.

¿Cómo se hace un estudio intencional de una misma a través de los recuerdos y las experiencias vitales? Uno de los ejercicios de escritura más útiles que hacen mis clientes es crear una cronología de recuerdos de momentos cruciales. Puede llevarte algún tiempo, pero puede empezar a aclarar la raíz de tu dolor, sentimientos y reacciones. También puede revelar cómo estos te han llevado a este punto. Rara vez nos damos la oportunidad de pensar en los hitos más cruciales de nuestra vida y reflexionar sobre ellos, y sin embargo es un proceso increíblemente terapéutico.

¿Lista para empezar con la cronología de los momentos decisivos? Saca una hoja de papel y dibuja una línea horizontal en el centro. Utiliza un rotulador, un lápiz, un lápiz de color, un lápiz de ojos... lo que tengas a mano. A lo largo de la línea, escribe las fechas de tus recuerdos. Encima de la línea de fechas incluye unas cuantas palabras clave que describan el recuerdo, y debajo escribe rápidamente tus emociones o pensamientos sobre el recuerdo. Intenta no preocuparte por hacerlo a la perfección; lo que queremos es simplemente sacarlo de tu cabeza y plasmarlo en un papel.

Por ejemplo, en mi cronología, escribí como primer recuerdo: «1979, me caí del bote de remos en el *kindergarten*, otros... los otros niños se rieron y nadie me ayudó, estaba avergonzada y dolida hasta que la profesora me vio y me consoló». (Por cierto, no me pasó nada, solo un pequeño golpe en la cabeza que ya para entonces indicaba una vida de pobre coordinación). Puedes imaginar que sentí la misma vergüenza y desconexión al escribir este recuerdo que cuando ocurrió. También me ayudó a entender, como educadora orientadora, cómo proporcionar un espacio seguro a mis alumnos cuando sienten vergüenza o pudor.

En tu cronología podrías incluir recuerdos como:

- Nacimientos y fallecimientos de personas cercanas
- Inicio o fin de relaciones, ya sean de amistad, familiares, matrimoniales, etc.
- Transiciones, como graduaciones, cambios de trabajo o traslados.
- Enfermedades, lesiones, accidentes.
- Pérdidas personales y otros recuerdos duros, como conflictos familiares, abusos o divorcios.

Intenta no pensar demasiado en este ejercicio. Si descubres que tus primeros recuerdos son pocos, no te preocupes. Es normal. Recoge todas las imágenes y sentimientos que puedas, y ora para ver lo que Dios quiere revelar y lo que desea mantener oculto. No te alarmes si sientes toda una gama de emociones. También encontrarás una combinación de recuerdos positivos y negativos, y te animamos a que los registres ambos. Todos contribuyen a que sigas examinando con sinceridad tu vida y tu potencial de crecimiento.

También tienes permiso para tomarte un respiro y dar un descanso al ejercicio (¡y a ti!) cuando lo necesites. Emocional y mentalmente, puede ser un reto completarlo de una sola vez. También puedes pensar en la mejor manera de cuidarte después de hacer este ejercicio, ya sea dando un paseo, jugando con el perro o dándote un masaje. Este es un trabajo duro y bueno, y está bien darle seguimiento con una forma de cambiar el enfoque hacia el autocuidado después.

Una vez que te hayas tomado un descanso, querrás volver a consultar la cronología para establecer las conexiones entre el antes y el ahora. Guarda esta cronología en tu diario o en este libro, ya que querrás consultarla durante este proceso inicial.

A medida que avanzas en tu cronología, puede resultarte útil hacerte algunas de las siguientes preguntas.

Preguntas para aclarar un recuerdo:

- ¿Qué pasó?
- ¿Cuántos años tenías?
- ¿Quién estaba presente?
- ¿Qué veías a tu alrededor en ese momento?
- ¿Qué oíste?
- ¿Cómo te sentiste?

Preguntas para reflexionar sobre el recuerdo:

- Por un momento, sal del recuerdo. Puedes ser el testigo de ti misma en el recuerdo, ligeramente alejada de la situación. ¿Qué sientes hacia la persona que estás viendo? ¿Hay espacio para ofrecerle compasión u otro sentimiento? ¿Qué puedes decirle?
- Es posible que entonces te sintieras impotente, sobre todo cuando eras una niña o una adolescente, que es cuando naturalmente tenemos menos control sobre nuestra vida. ¿Qué se siente al ver el recuerdo desde

otro punto de vista, desde más lejos y como adulta? ¿Cómo te ayuda esto a sentirte menos impotente?

- Es posible que hayas sentido una mezcla de emociones. Es normal sentir una mezcla de sentimientos cuando se reflexiona sobre los recuerdos y, a veces, se tienen sentimientos neutros o ninguno. ¿Qué patrones emocionales ves en cómo te sentías entonces, y qué diferencias hay ahora en cómo te sientes, mirando hacia atrás? Las diferencias en las emociones pueden indicar los cambios que se producen de forma natural con el paso del tiempo y la influencia de otras experiencias.
- ¿Puedes vislumbrar el rostro y las acciones de Dios en tus recuerdos, incluso en los más difíciles? ¿Cómo te protegió o te guio en aquel momento, y cómo lo está haciendo ahora? ¿Puedes ver la verdad de Mateo 28.20: «Y les aseguro que estaré con ustedes siempre, hasta el fin del mundo»?

Tal vez te preguntes: *¿Por qué tengo que hacer esto? ¿Es realmente necesario? Quiero avanzar, no mirar atrás. No saldrá nada bueno de ello. ¿Y si me agobio y luego me quedo atascada en la tristeza?* ¿Estás teniendo alguno de esos pensamientos ahora mismo? Lo desconocido puede dar miedo. Lo conocido también puede traer temor. Es normal sentir este tipo de resistencia.

El trauma, el abandono, el divorcio, la pérdida, la decepción… Sea lo que sea, sabes que está ahí. Y te preocupa que prender la luz solo confirme tu peor temor: que es peor de lo que pensabas. O que el dolor no vaya a remitir nunca. Puede que sientas que, por muy doloroso que haya sido el pasado, lo peor está por llegar si lo dices a viva voz y te enfrentas a ello. Darle una voz sincera al dolor puede dar miedo, pero también es necesario para sanar.

De parte de dos compañeras de viaje que ya han recorrido el camino, ¿podemos Sandi y yo recordarte el buen sendero que estás recorriendo hacia la sanidad? ¿Podemos animarte a tomar aire, orar y seguir adelante con valentía? Lo entiendo. Mis clientes me dicen que tienen miedo de quedarse atascados en los sentimientos. Por eso muchos, como Sandi, intentaron evitarlos por años. Ellos (y quizás tú) temen que, una vez expuesto y reconocido, el dolor nunca disminuirá ni se desvanecerá. El monstruo de los «y si...» reproduce en tu mente todos los escenarios que puedas imaginar. Excepto uno: ¿y si Dios es fiel?

La siguiente parte para entender en el viaje de sanidad es saber que Dios está presente contigo. La hayamos sentido o no, la presencia de Dios ha sido inquebrantable en nuestras vidas. ¿Puedes tomarte un momento y verlo, entretejido a lo largo de tu historia, incluso cuando tal vez no has creído en Él?

¿Puedes reconocer dónde Él fue testigo de tu dolor mientras sucedía, y continúa ayudándote a superarlo? (¡Incluso mientras lees este libro!).

Es posible que hayas bloqueado parte de tus experiencias dolorosas. Como escribe Sarah Young en *Jesús te llama*: «Por unos momentos, imagina tu vida como una casa. ¿En cuántas habitaciones me has invitado a vivir? ¿Cuántas habitaciones tienen las puertas cerradas? Yo quiero habitar en todas». ¿Puedes reconocer que Jesús ha estado ahí, que Jesús está contigo ahora y que quiere estar presente también en todas tus experiencias futuras? Habitar en todas las habitaciones significa que Él ha llenado todos los espacios.

Dios está contigo. Su presencia, su compasión y su consuelo están cerca. Puedes avanzar. Puedes mirar atrás. Puedes experimentar la verdad, el dolor y, sí, la alegría, porque Él está contigo, fiel, cuidando de tu corazón. Como dijo el salmista: «Me has dado a conocer la senda de la vida; me llenarás de alegría en tu presencia, y de dicha eterna a tu derecha» (Salmos 16.11).

Una vez que hayas cobrado ánimo y hayas completado la cronología de tus recuerdos, tómate tu tiempo para procesar las preguntas de reflexión que tienes a continuación. Te ayudarán a profundizar en el aprendizaje de tu historia y te llevarán hacia el descubrimiento y la sanidad. Recuerda, tu historia es única, y lo que Dios te revele a través de tu cronología también será solo tuyo.

¿Qué patrón observaste en la cronología? ¿Viste alguna emoción o reacción de pensamiento común ante estos hechos? ¿Cómo te ayudó a identificar las raíces de tu dolor?

____

____

Mantén un recuerdo doloroso en tu mente por un momento. Pídele a Dios que te revele su presencia en el recuerdo o su cuidado por ti después de él. ¿Cómo te tranquiliza su presencia en tu relación con Él?

____

____

¿También ves en qué han contribuido los recuerdos alegres a lo que eres y en lo resiliente que te estás haciendo?

____

____

CITAS BÍBLICAS

Dios es nuestro amparo y nuestra fortaleza, nuestra ayuda segura en momentos de angustia.

Salmos 46.1

El Señor está cerca de los quebrantados de corazón, y salva a los de espíritu abatido.

Salmos 34.18

Así que no temas, porque yo estoy contigo; no te angusties, porque yo soy tu Dios. Te fortaleceré y te ayudaré; te sostendré con mi diestra victoriosa.

Isaías 41.10

Dios, por favor saca a la luz los recuerdos que tú necesitas que yo vea y entienda. Protégeme cuando vaya a esos lugares que me hirieron. Ayúdame a ver tu rostro en los recuerdos dolorosos y tu deleite y presencia en los buenos. Tú estás escribiendo mi historia conmigo, capítulo a capítulo, mientras examino mi corazón, aprendo de mis patrones y trabajo para sanar mis heridas más profundas. Ayúdame a confiar en ti.

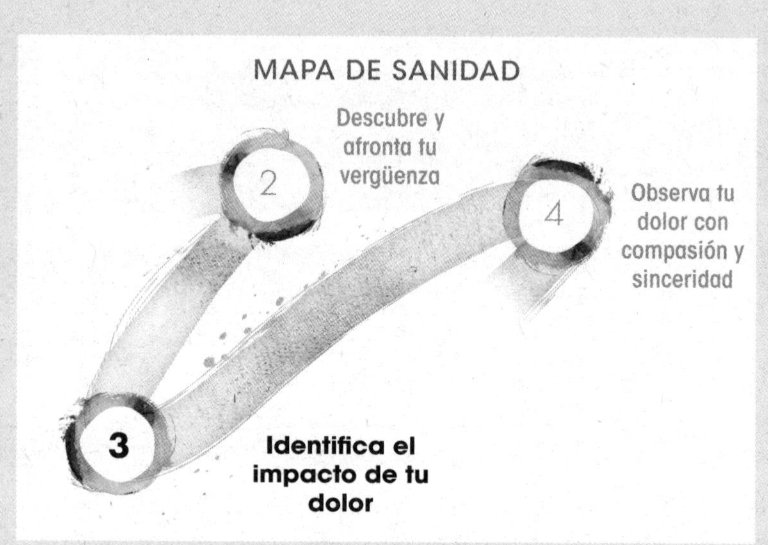
MAPA DE SANIDAD
2
Descubre y afronta tu vergüenza
4
Observa tu dolor con compasión y sinceridad
3
Identifica el impacto de tu dolor

Capítulo 4

GUARDIANA DE SECRETOS

Después de que mi padre se fuera, la vida se convirtió en una lucha. En lo emocional. En las finanzas. Sobre todo para mi madre. Vivíamos en un proyecto de viviendas del gobierno. Vi a mi madre sacrificarse mucho por nosotros. Hacía todo lo que podía, pero... una palabra que me viene a la mente es desesperación. He oído que la gente desesperada hace cosas desesperadas. Creo que es verdad.

«¿Les gusta?», nos preguntó mi madre a mi hermano y a mí sobre su novio. Los dos dijimos: «No». No recuerdo si preguntó por qué o si se lo dije. Pero recuerdo por qué no me gustaba: era duro. Sus palabras. Sus acciones. Despreciable.

Cuando se casaron, yo tenía seis años. Nos mudamos a una linda casa en los suburbios. Pero a mí me parecía igual de desesperada. Mi padrastro siempre estaba enojado. Era malo. No se le podía contentar nunca. Había una presencia... una pesadez... constantemente.

Una noche, poco después de que mi padrastro entrara en nuestra vida, recuerdo que estaba viendo la tele con él. Estábamos en el salón. Yo estaba sentada en su regazo. No recuerdo qué me llevó a eso. ¿Estaba contenta? ¿Estaba siendo agradable? ¿Quería estar en su regazo? ¿Sabía lo que estaba a punto de ocurrir?

Sé la respuesta a esta última pregunta: no. Fue una sacudida. Fue una mezcla a cámara rápida y lenta de conmoción, miedo y confusión.

Tampoco recuerdo lo que pasó después. Pero nunca olvidaré los momentos intermedios. Él tenía el control. Sabía lo que hacía. Yo no sabía lo que estaba pasando. No me gustaba aquello. No me gustaba él. Creo que yo tampoco le gustaba. ¿Por qué actuó así?

No recuerdo haber imaginado posibles salidas en mi mente. Pero estoy segura de que lo hice. Debí de sentir que no tenía opciones viables. ¿Decírselo a mi madre? ¿Y luego qué? Ella se pondría triste. Se sentiría responsable. Se enojaría.

¿Qué haría él? ¿Nos lastimaría a mí o a mi madre? ¿Tendríamos que mudarnos de nuevo a las viviendas del gobierno?

¿Y si no se lo contaba a nadie? Esa debió de parecer la mejor opción. Probablemente sabía que contárselo a alguien lo cambiaría todo.

Probablemente no sabía que no decírselo a nadie también lo cambiaría todo.

Confusión. Sentimientos desconocidos. Tristeza. Esa noche me cambió de más formas de las que puedo decir. En mis pensamientos. En mis emociones. En mis sueños nocturnos. En mi confianza. En mi manera de entender el deseo y el afecto. Deseaba ser querida, pero no así. No por él. Me sentía sucia. Me sentía mal por lo que había pasado.

Mal por los pensamientos que empecé a tener. Mal por guardar un secreto. Y mucho más.

Pero nadie más lo sabía. Me convertí en una guardiana de secretos.

– Sandi

Pensamientos y sentimientos incongruentes. Nunca había oído hablar de ese concepto hasta que Michelle lo identificó al principio de nuestras sesiones de consejería. Conocer la verdad de una situación, pero seguir arrastrando un relato falso y negativo.

- Sé que Dios me ama. Lo creo. Pero no lo siento.
- Sé que mi esposo y mis hijos me aman. Pero me siento no amada.
- Sé que no fue culpa mía, pero sigo sintiéndome sucia y avergonzada.

En una mano, la verdad. En la otra, un relato falso y negativo. Intelectualmente, puedes distinguir la diferencia e identificar la verdad, pero emocionalmente, aterrizas en un lugar muy negativo. Esa era la lucha.

Ojalá identificar la lucha fuera el único paso hacia la sanidad. Pero no fue así. Para mí, el viaje no fue un proceso limpio y lineal: compartir un recuerdo, comprender, llorar y celebrar la victoria. Ciertamente, así fue. Pero el proceso de compartir tu dolor más profundo y tu vergüenza más oscura es muy pesado. Toma tiempo quitar las capas. Ponerle palabras al dolor. Sentir y procesar las emociones. Esclarecer la verdad y la mentira. Es agotador emocional, física y cognitivamente. La libertad siempre cuesta.

Compartir con Michelle mi recuerdo traumático de abusos sexuales fue más que doloroso. Recuerdo que me senté en su despacho en silencio porque me costaba poner palabras a lo que había pasado. Por primera vez tendría que admitirlo. Afrontarlo. Y no sabía cómo hacerlo. El miedo a juntar sílabas era casi paralizante. Sentía que el dolor no sería real a menos que lo dijera a viva voz. Pero entonces se volvería tan real que no podría retractarme ni esconderlo de nuevo.

Sabía que me estaban pidiendo que dejara algo. Una parte de mí lo deseaba desesperadamente. Pero también sentía que me estaban arrancando una parte de mí. Así que me agarré con fuerza.

Al principio, simplemente me senté. Y sollozaba. Obviamente, sabía lo que me había pasado y sabía que sería útil hablar de ello con Michelle. Pero no me atrevía a hacerlo. No se lo había contado a nadie. A nadie. Ni siquiera a mi marido. No quería pronunciar la palabra *abuso*. No quería poner en palabras lo que mi padrastro había hecho. Ni lo que yo sentía. El recuerdo era claro. Los sentimientos eran intensos. Pero las palabras no salían. Había una inmensa vergüenza y miedo al rechazo.

Recuerdo haber sacudido la cabeza mientras lloraba. No era intencionado. Era una reacción, mi cuerpo expresaba su desprecio. Todo en mí quería quedarse dentro: sin ser visto, sin ser escuchado, bien encerrado.

No sé qué temía más. ¿El rechazo? ¿El juicio? ¿O el sentimiento? Todas mis fuerzas se centraban en evitar el dolor. No quería decirlo. No quería sentirlo. Sabía que una cosa llevaría a la otra. Finalmente, sin embargo, comenzó la avalancha emocional. «¡Qué estúpida fui! No debí sentarme en su regazo.

¿En qué estaba pensando? Debería haber gritado. O decírselo a mi madre. O golpearle. ¿Por qué no lo hice? ¿Cómo iba a hacerlo? ¿Cómo pude? Todo fue culpa mía. Estoy tan enojada conmigo misma...

Las palabras salieron de mi boca con fuerza. Las emociones de mi interior eran aún más fuertes. Estaba enfadada. Avergonzada. Frustrada. Triste. Enojada, sobre todo conmigo misma. Me salían palabras duras. Emociones reprimidas. Décadas de vergüenza. Estaba furiosa con mi padrastro por aprovecharse de mí. Pero los sentimientos se habían quedado dentro y se habían agudizado. Hasta que, de alguna manera, todo tomó una mala dirección, hacia mí.

Yo lo acepté porque ya había creído que no era digna de ser amada.

Mi mente sabía que lo que me había pasado no era culpa mía, pero mis sentimientos no estaban en sintonía con mi mente. La vergüenza ganó el debate. Me había estado hablando de forma persuasiva desde la oscuridad, y yo la creí.

Ahora mi doloroso secreto había salido a la luz. Y, en una palabra, me sentí rota. Como si me hubieran partido literalmente en dos. Al compartir el doloroso recuerdo, vi esa imagen en mi mente: mi padrastro partiéndome en dos, como una ramita. Es lo que vi. Es lo que sentí. Física, emocional y permanentemente rota. Me había roto de dentro afuera. Sin posibilidad de arreglo.

Una vez que se calmó la avalancha emocional, sentí una extraña mezcla de agotamiento y de haber llegado a un final. No lo sentí como el comienzo de la sanidad. Sentí que había llegado al final del camino. Había dicho las palabras. Había llorado por ello. ¿Y ahora qué? Parecía un callejón sin salida.

Recuerdo estar sentada en la consulta de terapia y pensar: *No hay ningún sitio adonde ir a partir de ahora. Lo roto, roto está.* Sinceramente, no podía ver ninguna salida, ningún camino hacia la sanidad o ni siquiera hacia la mejoría. Solo sabía que estaba rota. Mejorar estaba más allá de mi capacidad de reflexión.

Recuerdo esperar la respuesta de Michelle. Su reacción hacia mí. Estaba preparada para una expresión o un cambio sutil en su lenguaje corporal que me dijera la verdad que ya sabía, que yo era mala.

No pasó nada. No me condenó ni me rechazó. Parecía que había visto y oído historias como la mía antes. Se mostró implicada, compasiva y paciente. Lo que no dijo me lo dijo todo.

Al igual que su amable respuesta. «No estás rota, Sandi. Estás herida. Y hay una diferencia».

Nos quedamos un momento en silencio. Recuerdo a Michelle respirando hondo. Inhalando y exhalando lentamente. ¿Estaba asimilando todo lo que yo acababa de contarle? ¿Respiraba para dar espacio a lo que estaba ocurriendo en la sala? ¿O pensaba que yo necesitaba una respiración purificadora y esperaba que la siguiera? La seguí.

Tras otro momento de silencio, llena de confianza, dije: «Una noche, cuando terminamos de cenar, quise levantarme de la mesa para ir a jugar. Mi padrastro me dijo que no podía irme hasta que dijera: "¿Me da su permiso, señor?". No recuerdo si le exigió a mi hermano que lo dijera o no. Pero yo me negué. Fui la única que estuvo sentada en la mesa durante horas. No lloré ni armé ningún escándalo. Simplemente estuve sentada. En silencio. En rebeldía. Pero... finalmente cedí y dije las palabras. Sentí que él había ganado. No estoy segura de por qué estaba luchando, pero sentí que había perdido. Otra vez».

Sentada frente a Michelle, recuerdo que me sentía completamente vacía. Emocionalmente agotada. Me sentía inútil. Me estaba ahogando de nuevo en las emociones de esas experiencias dolorosas. Me sentía pesada, como si esa emoción estuviera sentada sobre mis hombros y me encogiera bajo su peso.

Michelle rompió el silencio. «Estoy orgullosa de esa niña. Se defendió y luchó de la única manera que sabía. Era una luchadora».

¿Una luchadora? No me esperaba eso. De todas las cosas que esperaba que me dijera, de todas las palabras que he usado para describirme, sobre todo a la luz de lo que acababa de compartir, esa no estaba en mi lista.

Las dos veíamos lo mismo, pero sacábamos conclusiones muy distintas. Yo me veía como una persona estúpida y rota. Ella veía a una pequeña luchadora esforzándose por sobrevivir.

Nunca olvidaré esta profunda toma de conciencia. Ella oyó «lo peor» de mí y aun así creyó que valía la pena luchar por mí. Me quedé estupefacta. Por primera vez pude vislumbrar a una niña de seis años que necesitaba y merecía compasión y comprensión. No condena. Empezaba a verla a través de un lente de gracia y verdad. Empezaba a ver la verdad y la vergüenza, y a discernir la diferencia.

Michelle terminó con una pregunta fundamental: «¿Cómo sería para ti luchar hoy por ti?».

Pasar de estar rota a estar herida

Aquel día, en aquella sala, vi la oportunidad de presentarle a Sandi palabras vivificantes. Ella había pasado tanto tiempo condenando su pequeño yo de hacía décadas que se había convencido totalmente de su punto de vista.

Esto es común, muy común, en la vergüenza. Si no puedo culpar a otro, ¿quién más queda sino yo?

Sabemos que no debemos culpar o guardar rencor a otra persona ni condenarla en nuestro corazón. Pero lo permitimos. Alguien tiene que ser responsable, y la vergüenza nos dice que debemos ser nosotros mismos. Después de todo, si es cierto, si fuimos responsables de algo horrible, entonces podemos hacer todo lo que esté en nuestra mano para evitar que vuelva a ocurrir, ¿no es verdad? Con cuidado, podemos vivir entrelíneas en la vergüenza.

Aquel día, Sandi me permitió dar la vuelta al guion. Siempre, siempre hay una perspectiva diferente, una cuya verdad puede brillar cuando no está cubierta por la vergüenza y la culpa.

Se susurran recuerdos y mensajes persistentes a nuestras almas. Es posible que tengas algunos muy dolorosos dando vueltas en tu mente y tu corazón ahora mismo. Puede que sientas náuseas. O puede que quieras llorar o salir corriendo. En este momento estás dando un paso valiente. Los primeros pasos hacia la sanidad y la lucha por la libertad.

Tal vez sientas que estás demasiado rota para sanarte. Que hay demasiados pedazos: demasiados para ordenarlos, demasiados para recomponerlos, demasiados para seguir adelante. Si es así, te invito a que consideres el *kintsugi*, el arte japonés de cuatro siglos de antigüedad que consiste en recomponer piezas de cerámica rotas. En el *kintsugi*, no se trata de tapar las grietas y los lugares rotos, sino de resaltarlos, a menudo con laca dorada.

Durante mi etapa como terapeuta de cuidados paliativos, trabajé con personas, familias y niños destrozados por el dolor. Muchos se sentían totalmente devastados por la muerte de sus seres queridos, incapaces de rehacer sus vidas. Algunos incluso se sentían avergonzados, arrepentidos y culpables de las relaciones con los seres que habían perdido, dejando tras de sí fragmentos que parecían imposibles de sanar, por mucho tiempo que pasara o por muchas lágrimas que derramaran.

En un campamento de duelo de un hospital para enfermos terminales, tuve el privilegio de presenciar a familias haciendo *kintsugi*. Cada miembro de la familia tomaba un pequeño martillo y golpeaba suavemente el lateral de un tarro de cerámica hasta que los trozos quedaban amontonados sobre la mesa. Luego, trabajando juntos, la familia volvió a unir los trozos con unas líneas de pegamento adhesivo. Las piezas del tarro de terracota ya no encajaban a la perfección. Las piezas más pequeñas se habían convertido en polvo, dejando huecos. Algunas piezas estaban pegadas en lugares equivocados. Pero el pegamento lo mantenía todo unido.

Cuando la vasija de cerámica estaba más o menos recompuesta, cada miembro de la familia pintó en ella un dibujo o una palabra que representara su dolor, su esperanza, su tributo. En el proceso de reparación de este objeto que parecía roto

—listo para ir a la basura, de hecho— estaban creando algo más único y resistente. Algo significativo. Algo bello.

Puede que te sientas completamente destrozada. Yo te sugeriría, en cambio, que estás herida. Sigues luchando. Las heridas pueden sanar, aunque queden cicatrices. Vemos una hermosa prueba de ello en la resurrección de Jesús después de que dejaran su cuerpo destrozado. Juan 20.19-31 nos cuenta cómo Jesús se apareció a sus discípulos y les mostró sus cicatrices sanadas, no una, sino dos veces. Las cicatrices no solo mostraban la verdadera identidad de Jesús, sino que también recordaban a los discípulos todo el dolor por el que habían pasado en sus últimas horas: el miedo, el remordimiento, la pena que sintieron. Sus heridas eran recordatorios del dolor, pero aun así... se alegraron mucho cuando vieron al Señor y sus cicatrices.

¿Significa eso que deberíamos alegrarnos de estar heridas? Por los golpes de la infancia, los daños del divorcio, las profundas heridas de la traición; por los agravios que no han sido reparados, las palabras duras que tienen línea directa con nuestro corazón y los recuerdos que no se pueden borrar.

No lo creo. No es ahí donde reside el gozo. El gozo reside en el hecho de que Jesús nos muestra sus heridas para que podamos ver las nuestras. Así, podemos saber que Él nos entiende a nosotras, nuestras heridas, nuestros lugares dañados. Y debes saber que nos sigue amando. Él puede atravesar cualquier cicatriz.

Comprendo que, como mujer que ama a Dios, sepas en lo más profundo de tu espíritu que Dios no causó aquello que te hirió tan profundamente. Una mano buena no hace el mal.

Pero tal vez sientas que Él no te vio ese día. Él no causó el hecho doloroso, pero tampoco te parece que Él estuviera tan presente. Realmente no te estaba prestando atención.

Mientras nos redefinimos —de víctimas a luchadores, por ejemplo—, también tenemos que redefinir cómo vemos a Dios durante nuestras experiencias dolorosas. Pido a mis clientes que vean la plenitud de Dios en esos pedazos rotos en los que se sienten invisibles, no escuchadas, demasiado pequeñas para que Dios se fije en ellos. ¿Puedo pedirte que tú también lo recuerdes? Que veas, de nuevo, su soberanía y omnisciencia, pero también su omnipresencia y compasión por ti. De saber que Jesús no solo sufrió y ascendió al cielo todo sanado y bueno, sino que todavía lleva las cicatrices porque las conoce y las siente. Las guardó para nunca olvidarse de ti y de tus heridas. Las guardó por compasión hacia ti.

Trabajar el dolor significa que ya no está oculto. Abre la posibilidad de la compasión, para ti misma y para Dios y los demás. Compasión significa mirar tu dolor desde una perspectiva diferente, más verdadera y presente. Significa que la bondad de tu corazón —el mismo corazón que ofrecerías a una amiga, ¿verdad?— está dispuesta a desafiar esos viejos mensajes con delicadeza.

Mirar las cicatrices puede ayudarte a darte cuenta de que hay algo más en la historia.

Hay valentía.

Hay resistencia.

Hay compasión.

Puede haber alegría.

Hay un pensamiento redentor en pasar de una visión de estar completamente rota a estar herida. Afortunadamente, las heridas tienen un gran poder de sanidad. ¿Puedes dejar espacio para una nueva definición de quién eres?

Cuando piensas en una persona herida, ¿qué imagen te viene a la mente? Cuando piensas en una persona valiente, ¿qué imagen te viene a la mente? ¿Pueden una persona herida y una persona valiente ser la misma persona?

____

____

Tómate un momento para escribir unas palabras que te describan en tu historia dolorosa. Ahora, considera la perspectiva de una amiga compasiva. ¿Qué palabras utilizaría?

____

____

¿Qué características querrías haber sentido o conocido de Dios durante tus experiencias dolorosas? ¿Estás reconociendo la totalidad de su carácter, incluida su compasión por ti? ¿Cómo puedes conocer todas sus características? ¿Cómo puedes confiarle a Jesús tus cicatrices hoy?

____

____

CITAS BÍBLICAS

El que con lágrimas siembra, con regocijo cosecha.

Salmos 126.5

Aunque cambien de lugar las montañas y se tambaleen las colinas, no cambiará mi fiel amor por ti ni vacilará mi pacto de paz, —dice el Señor, que de ti se compadece—.

Isaías 54.10

Toma en cuenta mis lamentos; registra mi llanto en tu libro. ¿Acaso no lo tienes anotado? Cuando yo te pida ayuda, huirán mis enemigos. Una cosa sé: ¡Dios está de mi parte!

Salmos 56.8-9

ORACIÓN

Dios, esto parece una caja demasiado grande para abrirla. Estoy llegando a la fuente, y tengo miedo. Me siento muy rota y no demasiado valiente. Pero confío en tu fuerza, tu valor y tu amor para que me ayuden a salir adelante. Veo que ambos tenemos cicatrices, y esas cicatrices vinieron de los lugares más difíciles. Confío en tu sanidad. Ayúdame a verme como Tú me ves: como alguien que es capaz de ser valiente cuando quiere correr en otra dirección y que es resistente cuando cree que ya no puede más. Concédeme compasión donde pueda haber resentimiento y dame la alegría que solo viene de ti. Gracias, Jesús, por tus cicatrices y por tu sanidad.

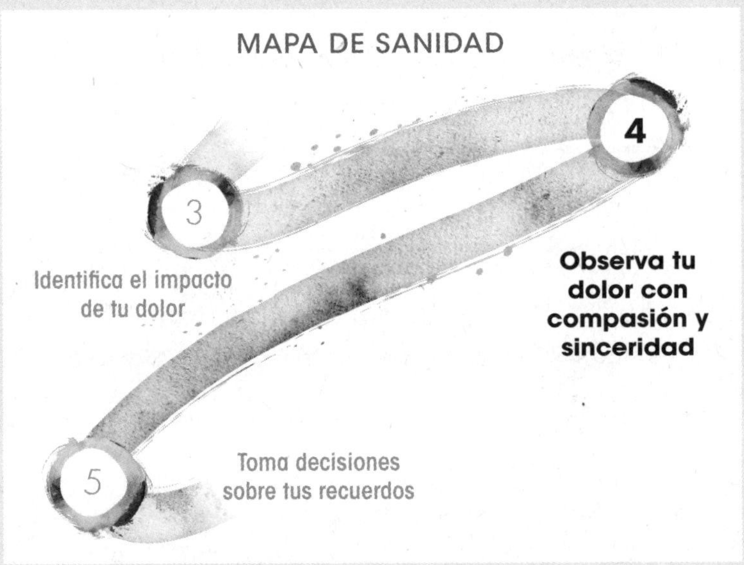

Capítulo 5

BOLSA DE RECUERDOS

Email a Michelle:

Buenos días. Lamento molestarte. Estoy teniendo algunos problemas. Después de nuestra reunión de ayer, estaba agotada emocionalmente, así que me eché una siesta. Me sentí mal del estómago y «apagada». Pasé un rato con mi Biblia, pero era como si las palabras estuvieran revueltas y desconectadas. Un galimatías, así es como se siente mi cerebro e incluso como suenan algunas de mis frases. Raras.

La concentración ha sido un verdadero reto. No había sentido esto antes. He tenido una noche de sueño difícil y con interrupciones. ¿Es normal?

Respuesta de Michelle:

Querida Sandi:

Me alegro mucho de que me hayas contactado. Sé que probablemente es angustioso sentir los síntomas físicos, así como la confusión de la mente, pero, por favor, debes saber que este es un resultado fisiológico normal después de lo que compartiste en la sesión.

Sospecho que se produjo una liberación de cortisol, la hormona del estrés. Cuando eso ocurre, se dispara la adrenalina (la hormona de lucha o huida). Y cuando pasa esto, puede dejarte con náuseas y cansancio. Es nuestro cuerpo el que funciona según el diseño de Dios para eludir una amenaza, y tu recuerdo fue la «amenaza» que desencadenó el estrés. El trauma también se retiene en el cuerpo, y sospecho que podrías haberte identificado con lo que sentiste en el momento en que ocurrió.

Hay varias cosas que pueden ayudar. En primer lugar, respira profundamente. En segundo lugar, si puedes, ¡mueve el cuerpo! Una de las mejores formas de aliviar esta sensación es dar un paseo, hacer estiramientos, etc.

Esto no significa que hicieras mal en compartir lo que contaste. Es simplemente la liberación natural que hace tu cuerpo de lo que ha estado retenido durante tanto tiempo, y lo más probable es que siga mejorando a lo largo del día. Deseo que sepas que estoy orando para que así sea.

Como un puzle de mil piezas esparcidas por la mesa. Con cientos de piezas perdidas. Así es como me sentí durante los primeros meses de terapia. Estaba poniendo mi vida sobre la mesa, pero no todo encajaba como yo pensaba que lo haría o debería hacerlo. Hubo momentos de claridad en los que las piezas se juntaron. Tenían sentido. Traían paz. Yo tenía esperanzas. Sin embargo, tenía la impresión general de que en mi vida había más cosas «deshechas» que «hechas».

El dolor no resuelto era evidente. Las piezas habían estado ahí por años, pero habían estado cuidadosamente escondidas, guardadas en la caja... ignoradas, en realidad. Pero al menos se habían contenido. Ahora estaban expuestas. Al aire libre. Tenía que mirarlas, sentirlas e intentar encontrarles sentido.

Wayne Muller, terapeuta y autor de *Legacy of the Heart*, señaló: «Mientras nos aferremos a cómo esta o aquella persona nos hirió o deshonró, estaremos atrapados en una danza de sufrimiento con esa persona para siempre». En mi caso, sentía como si estuviera atrapada en una danza altamente emocional conmigo misma y con los demás. Y luego había días como el que describí en el *email* a Michelle que me golpeaban desde la nada. Mi mente, mi corazón y mi cuerpo se sentían completamente desincronizados cuando descubría y examinaba mi dolor del pasado. Era perturbador.

Michelle explicó que procesar los recuerdos y las experiencias dolorosas tenía un propósito. Uno de esos propósitos era darnos cuenta de que podemos elegir cómo afrontar el dolor hoy. Podemos aprender de él. Podemos liberarlo. Podemos cargar con parte de él. Tenemos voz y voto en todas esas decisiones. Ese fue el estímulo necesario para el camino desconocido que tenemos por delante.

Aun así, aunque el trabajo de consejería parecía meticuloso e intencional, no siempre era lineal y limpio. Supongo que el dolor rara vez lo es. Estoy segura de que, como consejera, Michelle entendía el proceso de procesarlo. No pretendo conocer los matices de cómo funciona todo, pero intentaré explicar lo que sentí desde mi lado del sofá: fue como un viaje en montaña rusa a través de un tornado. Subidas, bajadas, giros, gritos, expectación, miedo... Pero yo no tenía las manos en alto. Me aferraba a la vida. Antes de que Michelle y yo empezáramos a procesar los recuerdos, le conté que tengo muchos espacios en blanco en la mente. Tenía trece años cuando mi madre y mi padrastro se divorciaron. Tengo muy pocos recuerdos desde los seis hasta los trece años. No recuerdo cómo era mi cuarto, ni a mis amigos de la infancia, ni mis primeros días de colegio, ni las vacaciones. Cuando intento recordar a nuestra familia durante esa época, solo me imagino el interior de nuestra casa oscuro y mal ventilado. Sin alegría. Aterrador.

Luchaba con el hecho de tener tan pocos recuerdos. Me preocupaba que, si la verdad te hace libre y yo no podía recordar la verdad, ¿encontraría alguna vez la libertad?

Michelle me sugirió que orase y pidiese a Dios que me trajese a la memoria los recuerdos necesarios y útiles para mi sanidad. Eso es lo que hice. Por días, por semanas. Y nada nuevo vino a mi mente. Al principio, me sentí frustrada y decepcionada. Pensaba que la única forma de completar el puzle de mi vida y sanar era juntar todas las piezas metódicamente. Estaba claro que faltaban piezas y recuerdos.

Durante ese tiempo, Dios me recordó amorosamente que los hechos y los recuerdos no son las claves de la libertad. Él es el camino, la verdad y la vida. La libertad viene de Él y a través de Él (ver Juan 14.6). Creo que para mí fue un momento de caída de la confianza. ¿Buscaba respuestas o confiaba en Él como fuente de mi libertad? Él me recordó su carácter digno de confianza: «El Señor es mi roca, mi amparo, mi libertador; es mi Dios, el peñasco en que me refugio. Es mi escudo, el poder que me salva, ¡mi más alto escondite!» (Salmos 18.2).

La palabra *protección* resaltó y resonó en mí. ¿Mis lagunas de memoria eran un acto subconsciente de autoprotección? No lo sé. Y no entiendo por qué Dios no me devolvió los recuerdos. Pero sé que Él es mi protector. Confío en que si necesito más recuerdos para sanar más plenamente, Él me los dará. Y confío en que si Él está protegiendo mi mente y mi corazón de una manera diferente, entonces se lo agradezco. En cualquier caso, Él es fiel.

Con esa tranquilidad en mente, empecé a recorrer el camino de procesar los recuerdos con Michelle. Me sugirió que respiráramos hondo. Me explicó que así se calmaría cualquier respuesta física que pudiera producirse al evocar un recuerdo. Incluso pensar en un trauma pasado puede desencadenar una respuesta de amenaza, como el modo de lucha, huida o parálisis. Así que Michelle me hizo respirar hondo y me pidió que me fijara en las respuestas físicas que iban surgiendo a medida que procesábamos los recuerdos.

Llegadas a este punto, estábamos preparadas para trabajar visualizando mis recuerdos e identificando las emociones asociadas a ellos. Daba miedo, sí. Pero la idea era mirar las experiencias con honestidad y sinceridad, con todos los sentimientos y las imágenes que contenían, y liberarlas para que dejaran de estar «atascadas» en su lugar y de afectarme negativamente. Era una forma de dejar salir lo «más fuerte».

El ejercicio consistía en imaginar que caminaba sobre un puente mientras llevaba una bolsa grande. La bolsa representaba un recuerdo traumático del pasado que había estado arrastrando (como cuando mi padre se fue o cuando más tarde alguien abusó de mí). El puente representaba un camino que me alejaba de la experiencia dolorosa y me llevaba hacia un futuro diferente.

Una vez en medio del puente, Michelle me hizo imaginarme abriendo la bolsa. Me pidió que viera qué emociones estaban presentes con mi recuerdo, dándome la oportunidad de describir esos sentimientos: cosas como tristeza... enojo... anticipación.

A continuación, Michelle empezó a hacerme preguntas sobre el recuerdo, animándome a profundizar en las conexiones entre este y las emociones que llevaba en mi bolsa. Antes de que terminara el ejercicio, había que plantearse dos cuestiones importantes:

- ¿Qué quieres soltar y dejar atrás?
- ¿Qué eliges llevarte contigo mientras avanzas en tu sanidad?

Se trataba de un concepto nuevo para mí —elección— y, mientras trabajábamos con los recuerdos y las emociones, llegué a comprender que tengo voz y voto en el proceso de sanidad. Puede que no tuviera nada que decir sobre lo que se introdujo originalmente en la mochila (el trauma concreto), pero sí puedo decidir qué hacer con ello ahora, qué quiero dejar atrás y qué quiero llevar conmigo en mi progreso.

Esto es lo que decidí dejar atrás. Estas cosas no iban a volver a mi bolsa:

X *Las falsedades injustas.* La creencia de que no soy querida ni se me puede amar.

X *Autoevaluación negativa.* Cualquier mentira vergonzosa que contradiga la verdad y conduzca a la condena.

X *Vergüenza por lo ocurrido.* Me ha pasado algo malo, pero eso no significa que yo sea mala.

X *Falta de perdón.* Amargura hacia alguien de mi pasado. Hacia mí misma.

- **X** *La negativa a dejarlo ir*. Me aferré muy fuerte al dolor. O tal vez se aferró él a mí. En cualquier caso, no me di cuenta de cuánta energía me quitaba.

¿Quién querría llevar esas cosas encima? Yo no. Ya no. Me imaginé a mí misma nombrando y arrojando por el puente cada uno de los objetos no deseados. Fue una liberación visual de emociones y creencias que me habían estado agobiando por demasiado tiempo. Vi cómo cada objeto se alejaba cada vez más de mí hasta que caía al agua y se hundía más allá de donde llegaba mi vista. El recuerdo en mi mochila seguía ahí, pero las emociones relacionadas habían desaparecido, ya no eran mías. Me había desprendido de todas ellas.

El siguiente paso fue determinar qué quería poner en la bolsa y llevarme conmigo al marcharme. ¿Había algo que me resultara útil y necesario para seguir adelante? Esto es lo que imaginé que metía en la bolsa:

- ✔ ***Compasión.*** Le he pedido a Dios que me dé compasión y preocupación por aquellos que me han hecho daño. No quiero ser dura de corazón con ellos. Ni conmigo misma.
- ✔ ***Entendimiento***. Miraré mi vida a través de la lente de la verdad. Me han herido. Mis sentimientos son normales.
- ✔ ***Saber que soy amada***. Mi padre no fue capaz de amarme como yo necesitaba. Ojalá lo hubiera hecho. Pero que él no me amara no significa que nadie pueda amarme.

- ✔ ***Autocontrol.*** No estoy atada a nadie que me haya lastimado. Cualquier tipo de control que hayan podido tener sobre mí ha terminado. Ni ellos ni sus acciones me definirán.
- ✔ ***Gracia.*** Voy a mostrarme gracia a mí misma. No estoy rota. Yo estaba herida. Pero estoy sanando.
- ✔ ***Esperanza.*** Tengo fe en la bondad de Dios. Para mí. Para mi futuro. Por la eternidad.

Sé que este proceso no era más que un ejercicio mental, pero pude notar casi de inmediato la diferencia en el peso que cargaba. Hice una pausa para dar gracias a Dios. ¿Estaba arrojando mis emociones, mis preocupaciones y mis cargas al agua o poniéndola en sus manos? No importaba. En cualquier caso, ya no las estaba cargando. Por extraño que pueda parecer, el camino de vuelta por encima y fuera del puente también fue significativo. Para mí, representaba movimiento, una clara delimitación de «allí» y «aquí» en mi mente y en mi corazón, y el duro viaje que había en medio. Sí, el dolor, la vergüenza y el arrepentimiento están «allí», pero yo ya no estoy allí. Ahora estoy «aquí», caminando con la verdad, la perspicacia y la comprensión.

Atravesé el puente varias veces bajo la atenta mirada de Michelle. Cada enfrentamiento con cada recuerdo traumático en el puente era distinto, aunque emotivo y revelador. Los objetos que arrojaba y los que llevaba conmigo variaban. Pero la única constante era la presencia de Dios. Él aparecía cada vez. En el escenario del recuerdo. Al borde del puente.

Alentándome en el viaje. Él estaba presente. Y Él quería que mi corazón lo supiera: Él me cargaba a mí y a mi bolsa.

Una vez incluso vi a mi marido, Mike, en el puente. Fue inesperado y poderoso que se encontrara conmigo «allí». Y que caminara conmigo. Era otro regalo que mi corazón necesitaba conocer.

Para ser sincera, yo empezaba cada sesión de procesamiento con bastante escepticismo. Visualizando... imaginando... puentes y bolsas. Todo sonaba un poco... fuera de lo acostumbrado. Tal vez te encuentres en esa situación mientras lees esto. Si es así, te animo a que confíes en el proceso. No entendía cómo hablar de un recuerdo que me había causado dolor por décadas iba a cambiar algo. Pero lo hizo, poco a poco. Fue otro paso importante en el proceso de sanidad.

Ahora, tras el ejercicio del puente, el dolor se diluye. El recuerdo sigue en mi bolsa. Recuerdo claramente el trauma del que hablamos. Pero el dolor no es lo único que hay en mi bolsa. También hay comprensión de que soy amada. Hay gracia, compasión y esperanza. Mi bolsa está llena de las emociones adecuadas. La carga parece más ligera.

DESEMPACAMOS EL PROCESO CON LA DRA. MICHELLE

Mirar dentro de la bolsa

Esta es la cuestión: nadie recibe con gusto al dolor en su vida. Nadie abre los brazos para volver a sentir el dolor de la infancia (o de ayer). Como ya hemos dicho, estamos hechos para evitar el dolor. Aunque nos demos cuenta de que llevamos una bolsa grande y pesada llena de cosas, no nos atrevemos a mirar dentro, y mucho menos a sacar lo de dentro.

Tal vez, como Sandi, te has dado cuenta de que ya no necesitas o simplemente no quieres llevar tu carga. Puede que la carga te resulte familiar porque la has llevado por mucho tiempo. Es posible que incluso creas que te mereces el dolor que conlleva; es la demostración de esos viejos mensajes que has estado escuchando. Pero cuando abriste este libro estabas en el punto en que necesitabas escuchar algo diferente. Ver algo diferente sobre ti mismo. Saber algo diferente, en tu corazón y en tu mente.

Puede ser más de lo que esperabas, como le ocurrió a Sandi cuando entró por primera vez en la consulta. No se lo esperaba. En realidad, no había forma de advertirle de lo duro que sería este proceso. Podría haber huido, ¿y quién la hubiera culpado? Lo mejor que pudimos hacer ella y yo fue crear un lugar seguro. Seguridad en la sala de terapia para sentir todo lo que sentía. Seguridad en su relación con Dios, sabiendo que Él sentía cada pedacito de dolor, cada pedacito de pena, cada pedacito de rabia que ella sentía.

Cuando podemos crear algo de esa seguridad, dentro de la intimidad de las páginas de este libro o con una persona de confianza, podemos empezar a procesar y liberar algunas de las experiencias traumáticas y la confusión mental/emocional que naturalmente sigue. Cuando estamos estresados o hemos sufrido un trauma, se producen todo tipo de reacciones normales: físicas, emocionales y cognitivas.

Físico

Como Sandi mencionó, cuando procesamos sus recuerdos de una manera diferente, su cuerpo se puso en alerta máxima, similar a lo que su cuerpo experimentó originalmente durante su infancia. Nuestros cuerpos son guardianes del recuerdo. Bessel van der Kolk escribe en *El cuerpo lleva la cuenta*:

> *Las víctimas de traumas no pueden recuperarse hasta que se familiarizan con las sensaciones de su cuerpo y se hacen amigas de ellas. Sentir temor implica vivir en un cuerpo que siempre está en guardia [...]. Para cambiar, las personas tienen que ser conscientes de sus sensaciones y del modo en que su cuerpo interactúa con el mundo que las rodea. La consciencia física de uno mismo es el primer paso para liberarse de la tiranía del pasado.*

Hay varias formas de tomar consciencia física de uno mismo y de cuidarse en este proceso:

- Respira profundamente. Cuando nos encontramos en estado de alerta, respiramos desde la parte superior del pecho. Se trata de una respiración de supervivencia. Cuando respiras profundamente desde el estómago hasta los pulmones, le estás diciendo al cuerpo que la amenaza no es real. Incluso puedes «respirar» a Jesús, visualizándolo como el aliento en tus pulmones y tu presencia tranquilizadora.

- Utiliza un movimiento bilateral. Un movimiento bilateral es cualquier movimiento repetido realizado en ambos lados del cuerpo, que puede ayudarte a relajarte al instante. Entre los movimientos bilaterales están mover los ojos hacia delante y hacia atrás (como hacemos en la fase REM del sueño), dar golpecitos en la pierna derecha con la mano derecha y viceversa, o apretar alternativamente una pelota antiestrés con cada mano.
- Mueve tu cuerpo. Da un paseo al sol y siente el aire en tu piel. Estírate desde tu silla, sintiendo los chasquidos y el aflojamiento de los músculos tensos. Examínate a ti misma antes y después para ver las diferencias en la tensión retenida en tu cuerpo.
- Utiliza técnicas de conexión a tierra. Una de las favoritas de mis clientes es la de los cinco sentidos:

    1. Fíjate en cinco cosas que puedas ver. Haz una pausa y obsérvalas de verdad.
    2. Observa cuatro cosas que puedas sentir. Siente la textura. ¿Es blanda? ¿Dura? ¿Áspera? ¿Suave?
    3. Fíjate en tres cosas que puedas oír. Escucha los pájaros, el tráfico o las voces por un momento.
    4. Observa dos cosas que puedas oler. ¿Son olores agradables? ¿Desagradables?

5. Fíjate en algo que puedas saborear. Aunque solo sea tu saliva. Si necesitas un chicle o comida para probarla, no pasa nada. Haz una pausa y disfruta del sabor.

Emocional

La parte emocional es igual de importante para procesar los recuerdos. En terapia, sé que avanzamos en la resolución del dolor cuando sentimos y expresamos emociones. Con demasiada frecuencia se nos enseña muy pronto que ciertas emociones —o todas— son malas. Nos dicen que las guardemos bajo llave. *Sigan sonriendo, chicas. Guarden las lágrimas hasta que lleguen a su clóset.*

Cuando se abre la caja de las emociones, ese se convierte en el primer y hermoso paso para mirar el dolor con honestidad. Ya no es solo una historia, sino parte de *tu* historia, una que puede contarse con todos los elementos, incluida la tristeza, la pena, la soledad, la duda, la indignación, el miedo. Hay verdad en estas emociones crudas. Sí, somos capaces de una gran alegría, felicidad, satisfacción y paz —todas esas emociones que queremos—, pero parte del asunto es que también somos capaces de una gran angustia. No tenemos una sin la otra.

A veces, nuestras reacciones emocionales pueden estar en la raíz de por qué hemos creído mentiras por tanto tiempo.

- Alguien te dijo que has tomado una mala decisión, así que te sientes estúpida.
- Alguien te dejó, así que te has sentido rechazada.

- Alguien te dijo que has fracasado, así que te sientes inútil.
- Alguien te dijo que eras mala, así que sientes vergüenza.

Como consejera, soy la primera en decir que las emociones son la sal de la vida. Podemos relacionarnos mejor con Dios si sentimos algunas de las mismas emociones que Él siente. Después de todo, Él se ha sentido enfurecido, triste, irritado, alegre, satisfecho; si alguien ha tenido sentimientos, ese es Dios. Y como aprendimos antes, Dios también nos dio las emociones como indicadores útiles. Si nos sentimos bien, probablemente debamos seguir con eso que estamos haciendo en ese momento. Si algo nos resulta doloroso o difícil, entonces hay que cambiarlo. Si tenemos miedo, por ejemplo, instintivamente nos preparamos para la lucha, huida o parálisis. (¡Qué útil cuando un oso entra en nuestro *camping* en busca de un tentempié!). Aunque sentimos esta gama de emociones con un gran propósito, no debemos permitir que creen y establezcan nuestra identidad.

Como dicen las madres de todo el mundo, que te sientas así no significa que sea verdad. Las emociones y los sentimientos pueden convertirse fácilmente en convicciones absolutas. Esto es así sobre todo cuando oímos un mensaje o una mentira sobre nosotras. En ese momento podemos sentir que tiene razón, aunque no la tenga. Y con el tiempo, y por lo general de una manera muy furtiva, se convierte en una convicción malsana. Por ejemplo, en lugar de creer la promesa de 2 Corintios

5.17 de que «Si alguno está en Cristo, es una nueva creación. ¡Lo viejo ha pasado, ha llegado ya lo nuevo!», podemos decidir que un pasado malo trae sin remedio un mal futuro.

Podemos elegir descubrir esas convicciones desagradables, dañinas y totalmente falsas y desafiarlas, sustituirlas por la verdad sobre quiénes somos. Como dijo con tanta agudeza una de mis clientas: «No voy a dejar que un sentimiento sea el punto al final de la frase».

No estúpida.

No rechazada.

No sin valor.

No vergonzosa.

Cognitivo

Una vez que hemos extraído los recuerdos, podemos procesarlos y tomar decisiones sobre lo que pensamos de ellos. Como señala van der Kolk: «Mientras guardes secretos y reprimas información, estarás fundamentalmente en guerra contigo mismo [...]. La cuestión fundamental es permitirse saber lo que se sabe. Eso requiere una enorme dosis de valentía». Es valiente pararse en medio de un puente, procesar los recuerdos y decidir qué se va y qué se queda. Significa que ya no estás indefensa. Ya no estás completamente fuera de control. Puedes dejar atrás mentiras, emociones y pensamientos que no son bienvenidos en tu mente y tu corazón. Ahora estás en el camino de la sanidad mientras exploras estas preguntas, sosteniendo tus propias experiencias con compasión y curiosidad, en lugar de condenación.

He aquí algunas preguntas para reflexionar sobre el proceso de sacar adelante un recuerdo:

- ¿Qué quieres conservar contigo para avanzar de forma saludable?
- ¿Qué crees que te ha costado ganar, que has aprendido o que es valioso?
- ¿Qué es lo bueno que puedes llevarte contigo?
- ¿Qué eliges dejar atrás?

Tal vez hayamos creído la mentira de que no podemos controlar nuestros sentimientos de vergüenza, culpa, ira o miedo, y que tenemos que vivir para siempre bajo el nubarrón de nuestras experiencias dolorosas. La verdad es que estamos llamadas a saber en nuestro corazón y nuestra mente que ya no estamos condenadas a vivir al capricho de nuestros sentimientos. La Biblia The Message expresa maravillosamente este recordatorio de una forma que podríamos traducir así:

> *Con la llegada de Jesús, el Mesías, se resuelve ese fatídico dilema. Aquellos que entran en el estar-aquí-para-nosotros de Cristo ya no tienen que vivir bajo una continua nube negra. Hay un nuevo poder en marcha.*
>
> *El Espíritu de vida en Cristo, como un viento recio, ha despejado espléndidamente el aire, y te ha liberado de una vida destinada a una brutal tiranía a manos del pecado y de la muerte.*
>
> *—Romanos 8.1*

A menudo, necesitamos procesar este tipo de recuerdos con la ayuda de un guía capacitado. Si experimentas síntomas angustiosos que interfieren en tu vida y tu funcionamiento, ponte en contacto con un asesor. Existen muchos enfoques terapéuticos basados en pruebas para procesar el trauma, como la Desensibilización y Reprocesamiento por Movimientos Oculares (EMDR por sus siglas en inglés), la Terapia de Resolución Acelerada (ART por sus siglas en inglés) y la Experiencia Somática, entre otros. En la contraportada del libro encontrarás recursos que te ayudarán a contactar a un terapeuta. Espero que des ese paso.

Este capítulo inicia la dura batalla de las convicciones negativas contra la verdad y nos muestra cómo podemos procesar nuestro dolor para ver qué hay más allá. Los pasos para procesar los recuerdos dolorosos son: (1) identificar lo que contiene nuestro cuerpo, (2) sentir las emociones e identificar verdades y falsedades, y (3) trabajar en los propios recuerdos y ver qué queremos dejar atrás y qué queremos llevar con nosotras. En nuestro viaje para descubrir los innumerables mensajes, mentiras y emociones relacionados con las experiencias más tempranas de Sandi, ella llevó un registro de sus descubrimientos. Tal vez tú también hayas comprendido la verdad y te gustaría dejar constancia de ello. Te invitamos a que, en oración, pongas también las tuyas. ¿Qué has estado cargando por demasiado tiempo, y qué te gustaría llevar contigo en adelante?

Cuando te sientas un momento con tu cuerpo, ¿qué sensaciones físicas aparecen? ¿Dónde sientes tensión, ansiedad, etc.? ¿Qué puedes hacer para calmar esa sensación física?

¿Cuáles son algunas de las mentiras sobre ti misma que has llevado contigo, en tu bolsa, todo este tiempo? (Como recordatorio, las de Sandi eran sentirse abandonada y rechazada, autoevaluación negativa, vergüenza por lo ocurrido, y confusión y dificultad para liberarse del dolor).

____

____

¿Qué es lo que puedes elegir dejar atrás hoy mientras procesas las heridas del pasado? ¿Qué estás tirando por la baranda del puente?

____

____

¿Qué verdades útiles te llevas contigo? (Como recordatorio, las de Sandi fueron compasión, comprensión, saber que es amada, control de sí misma y gracia).

____

____

CITAS BÍBLICAS

Vengan a mí todos ustedes que están cansados y agobiados, y yo les daré descanso. Carguen con mi yugo y aprendan de mí, pues yo soy apacible y humilde de corazón, y encontrarán descanso para su alma. Porque mi yugo es suave y mi carga es liviana.

– Mateo 11.28-30

Él reserva su ayuda para la gente íntegra y protege a los de conducta intachable.

Él cuida el sendero de los justos y protege el camino de sus fieles.

– Proverbios 2.7-8

No bien decía: «Mis pies resbalan», cuando ya tu amor, Señor, venía en mi ayuda. Cuando en mí la angustia iba en aumento, tu consuelo llenaba mi alma de alegría.

– Salmos 94.18-19

Dios, a veces quiero quedarme bajo la nube negra de mis recuerdos dolorosos, mentiras y convicciones negativas porque es lo que conozco. Me siento segura aquí abajo, pero estoy cargando mucho más de lo que necesito. Muéstrame tu luz. Muéstrame cómo me ves, en tu santa convicción, en tu amor y tu gracia. Necesito sentir, ver y conocer tu verdad. Ayúdame a dejar mis cargas. Gracias por tener la gracia de mostrármelas, Dios.

MAPA DE SANIDAD

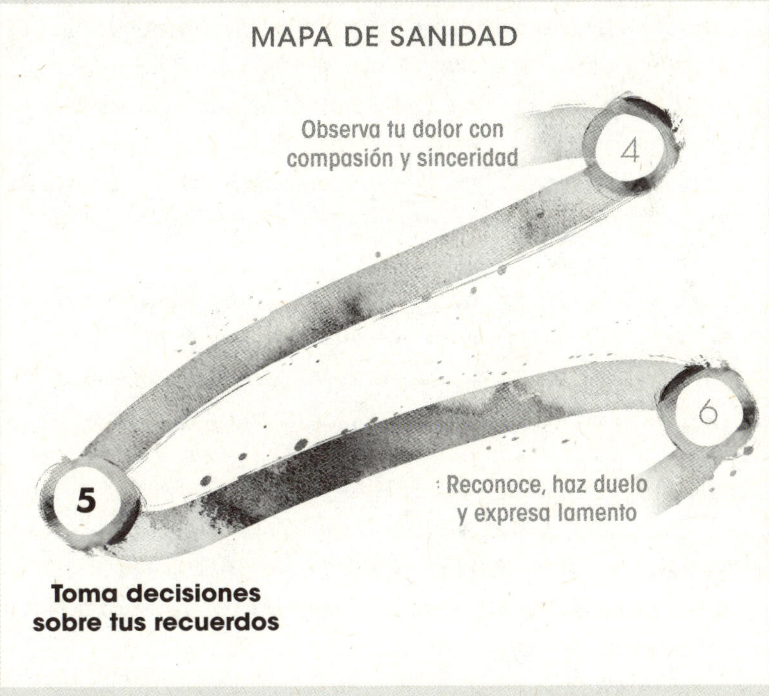

Capítulo 6

PÉRDIDAS Y HALLAZGOS

Ayer pasé por la casa donde vivíamos con mi padrastro. No sé por qué. Pensamientos contradictorios rebotaban por mi mente. El corazón se me aceleró. ¿Qué hago aquí? Una parte de mí esperaba que estuviera fuera para poder verlo. La otra parte oraba para que no estuviera. Esta oración fue atendida.

La casa parecía la misma. Como si nada hubiera cambiado. Inmediatamente me sentí como si tuviera diez años otra vez. Pensar en los días, noches y años pasados en esa casa me entristeció. Darme cuenta de que aún hoy me siento arrastrada a ella me hizo llorar.

Anoche miré fotos antiguas de mi padre. Me las dieron cuando falleció. Fotos de antes de conocerle. Algunas fotos de los dos juntos.

Recordatorios de que, aunque formó parte de mi vida por veintiséis años, nunca me conoció. Ojalá lo hubiera hecho. Había tantas expectativas insatisfechas. Anhelos sin cumplir. Oportunidades perdidas. Fue triste cuando murió. Pero anoche la pena era diferente. Sentí un profundo dolor en mi corazón.

Esta noche, reflexiono sobre todo lo que se ha perdido. No solo estoy triste por mi yo de seis años. Me ahogo al darme cuenta de que mi vida actual está ligada al pasado de mil maneras dolorosas.

Le pregunté a Michelle por qué me siento así. ¿Por qué estoy tan triste por cosas que ocurrieron hace tanto tiempo?

¿Lo superaré algún día? Es como si eclipsara el sabor de la libertad que estoy descubriendo. Es como si cargara con la tristeza y la libertad juntas. ¿Cómo es posible? Me preocupa quedarme atascada en la tristeza.

Michelle dijo: «Sandi, triste es cuando reconoces el dolor. Cuando sientes la pérdida, es duelo. Estás en duelo, afligida por lo que se perdió».

- Sandi

«El duelo es normal. Es bueno», me dijo Michelle. Me aseguró que las emociones profundas y persistentes que sentía eran una parte necesaria del proceso de sanidad. El viaje, como Michelle explicará más adelante en este capítulo, tiene dos pasos importantes:

(1) reconocer las heridas del pasado y (2) hacer duelo y expresar lamento. Había reconocido mis heridas pasadas, a viva voz. Ahora estaba atravesando la etapa del duelo, y era un territorio nuevo para mí. Aunque esta liberación emocional me pareció un poco abrumadora, Michelle me dijo que con el tiempo acabaría pasando al otro lado del duelo. También me dijo que sentir pena y tristeza es bueno. Significa que el corazón está vivo, que ya no está entumecido. Significa que están volviendo los sentimientos sanos, incluida la empatía. Dijo que tener compasión por alguien es bueno y apropiado, incluso si ese alguien eres tú misma.

Fue útil ver esta temporada como algo necesario y fructífero para el objetivo general, de lo contrario habría sido simplemente algo tortuoso y doloroso. Michelle explicó que cuando te permites sentir el dolor de tus pérdidas, se produce una alineación honesta. Tus sentimientos son los apropiados y empiezan a conectar con la verdad. Durante años había intentado ignorar las heridas del pasado y reprimir mis emociones, pero esa no era una respuesta útil ni adecuada al dolor. Las heridas implican tristeza. Así es como se fomenta la congruencia. Necesitaba darme permiso para llorar mis penas.

Así que lo hice. No fue fácil. Pero empecé a ver esta experiencia como una tristeza valiosa. Me estaba costando algo, pero eso suele ocurrir cuando se obtiene algo valioso.

Recuerdo cuando Michelle me preguntó por primera vez si estaba preparada para considerar la pregunta: «¿Qué es lo que se perdió?». Aquello era muy distinto a hablar de una experiencia pasada. Al principio, no podía explicar por qué. Pero creo que era porque un recuerdo era algo que mi mente veía claramente contenido en el pasado. Había una sensación de distanciamiento. ¿Pero una pérdida? No podía negar que seguía muy apegada a ello.

Me senté con mi diario y le pedí ayuda a Dios. Le pedí que me revelara las áreas de mi vida que estaban definidas por la pérdida. Las áreas que todavía estaban atadas a heridas y daños del pasado. No buscaba más dolor. Pero sí quería una medida completa de comprensión, que ojalá condujera a una medida completa de libertad. Quería tocar el fondo de la piscina para salir a tomar aire.

Esto es lo que escribí:

¿Qué es lo que se perdió?

- *Una infancia sin preocupaciones*

- *Una imagen sana de mí misma y confianza en mí misma.*
- *La sensación de estar bien.*
- *Capacidad para confiar adecuadamente.*
- *Un sentimiento de seguridad en las relaciones. Aprendí de mi padre y de mi padrastro que el amor tenía que ganarse y ser transaccional. Eso significaba que nunca me sentía segura.*
- *Afecto/contacto físico apropiado por parte de papá/padrastro: abrazos, tomarme de la mano, oír «te amo» y «estoy orgulloso de ti».*
- *Confianza y comprensión de la intimidad, tanto física como relacional.*
- *Inocencia física y emocional. El abuso abrió una puerta que debería haber permanecido cerrada, sobre todo para una niña. El amor, la intimidad, el contacto, el placer... todo quedó distorsionado.*
- *Recuerdos. Años de cosas buenas y normales. Ocasiones especiales. Momentos alegres con amigos o con la familia en general.*
- *Una disculpa. Nunca escuché «lo lamento» por parte de quienes me lastimaron.*
- *Deseo de vulnerabilidad.*
- *Amistades. Tenía miedo de dejar que alguien se acercara demasiado.*
- *Sueño. Sigo teniendo sueños con un tema recurrente.*

El ejercicio fue difícil y emotivo. Una cosa es conocer tu pasado. Otra muy distinta es ver cómo las fichas de dominó han caído y han afectado todos los ámbitos de tu vida presente. Empezaba a comprender lo profundas que eran las aguas. Eso era a la vez preocupante y necesario.

Sin embargo, el ejercicio también me permitió experimentar algo más. Antes de escribirlo todo, la pérdida me había parecido algo abrumador e infinito, como si me ahogara en la tristeza. Me sentía desesperada. Pero, por extraño que parezca, una vez sobre el papel, pude ver el fondo. Había una sensación de contención —un principio y un final— que me trajo algo de paz. Había una alineación honesta con mis pensamientos y emociones. Estaban sincronizados.

El resultado fue un dolor apropiado por todo lo que se había perdido y una sensación de alivio al comprender lo que ocurría.

Un día, durante esta época de dolor, sonó mi teléfono. Era un familiar que me decía que mi tío, el hermano de mi padre, estaba en el hospital. Aunque vivía a un par de horas de distancia, lo habían ingresado en un hospital cercano a mi trabajo. Hacía mucho que no nos veíamos, pero yo estaba deseando visitarlo. Lo recordaba divertido, duro por fuera, pero más tierno de corazón de lo que quería admitir.

Había olvidado cuánto se parecían su cara y sus manos a las de mi padre.

«¿Por qué lloro cada vez que te veo?», le dije al entrar en su habitación del hospital. Los dos nos reímos entre lágrimas.

Durante los días siguientes, disfrutamos de esta inesperada oportunidad de reconexión. Las visitas diarias al hospital estaban pensadas para levantarle el ánimo, pero fueron un regalo inesperado para mi alma. Estaban llenas de conversación, risas y algunas lágrimas más. Me enteré de su amor por las galletas, su esposa, su familia y Dios. No necesariamente en ese orden.

Cada visita terminaba con: «Te amo». Y yo le creía. Durante una de nuestras charlas, me senté a un lado de la cama. Estábamos profundizando en algunos asuntos del corazón, y él alargó la mano y tomó la mía. Inmediatamente, empecé a llorar. Había algo tan poderoso en ver esas manos tomando las mías. En un instante, me reencontré con mi yo más joven y lamenté que las manos de mi padre nunca hubieran sostenido las mías como lo hacían ahora las de mi tío.

Mi tío debió de notar algo de lo que yo sentía. Me dijo: «Sandi, siento lo de tu padre. Quiero que sepas que siempre deseé haber sido tu papá».

Mi tío nunca sabrá la magnitud de lo que me dio ese día. Pude ver el corazón de un padre. Sentí el amor de un padre, emocional y físicamente. Fui reconocida. Y querida.

Dios era el único que sabía lo que mi corazón necesitaba en ese momento. Durante ese tiempo de contemplar la pérdida, Él fue tan bondadoso de atender a mi corazón. El tiempo... las palabras... el ánimo... todo orquestado por Dios... Mi tío fue simplemente las manos de Jesús ese día para un corazón que estaba afligido. Así es como sé que puedes cargar tanto dolor como esperanza.

Completamente. Uno no tiene por qué anular al otro. Ambos son útiles en el viaje de la sanidad, y el Dios de toda esperanza y consuelo se acerca más cuando nuestros corazones están rotos.

Reconocer, hacer duelo y llorar las pérdidas

Es una estrategia comprensible, aparentemente noble: evitar el dolor y las heridas del pasado, y tratar de mantener el pasado en el pasado. Seguir adelante, ser valiente, ser mejor. Esforzarse al máximo. ¿Quién quiere la alternativa? Sentir todo lo que se siente, quedarse atascada en la tristeza y vivir en el pasado.

Este es el peligro de atrincherarse, evitar y esquivar el dolor del pasado: que sigue saliendo a borbotones, incluso a diario y a lo largo de toda la vida. Afecta las relaciones. Puede volvernos sarcásticas y cínicas, desconfiadas y faltos de amor. Para movernos realmente en libertad y paz necesitamos ver y reconocer, llorar y lamentar activamente las pequeñas y grandes pérdidas que hay detrás de la experiencia dolorosa.

Un día iba con prisas intentando salir para la iglesia. Corrí al cuarto de la colada, encontré un vestido limpio, me lo puse por encima de la cabeza y me lancé hacia la puerta del bebé. Pero mi grácil pirueta se convirtió en una sacudida de brazos y piernas cuando el dobladillo del vestido se enganchó en la puerta. Caí de bruces, en una imagen nada elegante, al piso de madera y me caí de bruces.

Tras evaluarlo un momento, me di cuenta de que me había roto el codo. Roto. Mi codo.

Tuve la tentación de tumbarme en el piso y esperar. Ignorar el dolor. Ahorrarme el gasto de ir al médico. No interrumpir los preparativos que sabía que se estaban llevando a cabo en la iglesia. En resumidas cuentas, no quería molestar a nadie, aunque estaba allí tumbada con un dolor insoportable.

Pero cuando mi perra se acercó a lamerme la cara en señal de compasión —aunque no entendió mis instrucciones de «Lassie, vete a buscar mi teléfono»— me di cuenta de que tenía que buscar ayuda. Tenía que reconocer que no iba a la iglesia, sino al médico. El dolor que me subía por el brazo era la prueba de que algo iba muy mal y necesitaba atención. Tenía que entender lo que estaba pasando para poder solucionarlo ahora y que no se convirtiera en un problema aún más doloroso en el futuro.

Me levanté, me puse el brazo en cabestrillo y me enfrenté a los rayos X y a la incomodidad del yeso, cuyo único propósito era ayudarme a sanar. Nada de esto fue fácil.

Hoy, las molestias en el brazo siguen saliendo de vez en cuando. Me duele un poco el codo los días de lluvia. (Me he convertido en la típica cuarentona que se queja de sus articulaciones cuando hay humedad). Me indica que incluso ahora debo prestar atención a ese dolor. Me está diciendo algo: que una vez estuve herida. Pero decidí buscar sanidad, y el viaje de sanidad mereció la pena.

Al igual que el dolor físico, no es bueno ignorar el dolor emocional. Aunque no sean visibles, siguen siendo heridas. Dejarlas supurar sin sanar no es bueno y no ayuda en el viaje de la sanidad.

Elegir reconocer y procesar tus heridas y pérdidas es algo bueno, por varias razones:

- ***Es veraz.*** Verdad y libertad van de la mano. Como sabiamente declaró Jesús: «La verdad los hará libres» (Juan 8.32). El enemigo de tu alma ama la oscuridad, las mentiras y los secretos. Dios celebra y honra la verdad.
- ***Es compasivo.*** ¿Recuerdas la historia del buen samaritano? Un viajero fue atacado, robado y golpeado. Algunos ignoraron al herido. Pero un samaritano tuvo compasión, vendó sus heridas y pagó por sus cuidados. Jesús dijo: «Anda entonces y haz tú lo mismo» (Lucas 10.37). Tú eres tu propio samaritano.
- ***Es la forma en que tus pensamientos y emociones se ponen en consonancia.*** El dolor no resuelto y las pérdidas subyacentes pueden haber dado lugar a percepciones y sentimientos negativos y condenatorios. El procesamiento honesto y compasivo te ayuda a discernir la diferencia entre los sentimientos verdaderos y los pensamientos vergonzosos.

> Los pensamientos y emociones congruentes están arraigados en la verdad.

Hay algo casi sagrado en reconocer la verdad, sobre todo cuando no queremos hacerlo, sea cual sea el motivo. Por ejemplo, en el jardín del Edén, después de pecar (ver Génesis 3), Adán y Eva se escondieron de Dios avergonzados. Dios los siguió con una pregunta: «¿Dónde están?». Por supuesto, Dios ya sabía la respuesta. Entonces, ¿por qué preguntó? Porque les estaba invitando a reconocer la verdad. Porque solo podemos andar en la verdad una vez que reconocemos lo que ha sucedido y dónde estamos.

Nuestro instinto puede ser escondernos, ocultar el dolor y la pena, desecharlos o negarnos a admitirlos. Después de todo, ¿quién quiere reconocer las heridas del pasado? Dios ya ve nuestras heridas, y sabe que el camino hacia adelante comienza con una pregunta amorosa: «¿Dónde estás?». Es bueno para nuestras almas reconocer y decir la verdad. Es un acto de rendición que, en mi opinión, Dios honra.

Sin embargo, a pesar de lo natural y humano que es este proceso, la mayoría de mis clientes se muestran reticentes a reconocer el pasado porque eso significa que tienen que experimentar el peso del dolor. Sinceramente, no los culpo en absoluto. El dolor duele. Para ser más exactos, el duelo quema, es un dolor que agota los huesos y rompe el corazón.

¿Por qué alguien en su sano juicio pasaría por eso? Porque sin ello corremos el riesgo de quedarnos en el lugar de nuestro dolor.

Veamos una analogía del proceso de duelo. Piensa en la pérdida como en un mostrador con bordes afilados. Está justo en medio de la cocina, donde preparas y cocinas la comida. Intentas evitar chocar con ella, pero es imposible. No dejas de chocar con ella, haciéndote moretones una y otra vez. Puede que te atrape desprevenida. Estabas pensando en otra cosa, pero ahí estaba, con sus bordes afilados causando moretones negros y azules.

Al final, reconoces que la encimera forma parte de tu vida y que es bastante funcional. Llegados a este punto, tienes dos opciones: (1) seguir tratando de esquivarla para no lastimarte, pero también perder su utilidad, o (2) lijar los bordes afilados para no tener que esquivarla y no correr el riesgo de sufrir golpes y magulladuras.

Sí, tal vez sea más fácil quitarla, pero un buen trabajo de duelo significa lijar los bordes del mostrador de cocina para que no estén tan afilados. El mostrador sigue ahí, y eso está bien. Está bien seguir teniendo esa gran cosa presente en tu vida. El trabajo de duelo le quita hierro al asunto y te permite encontrar algo de paz en la cocina. Puedes caminar por el lugar sin miedo.

El duelo es también un inmenso acto de amor. Nos afligimos porque hemos amado algo o a alguien que ahora se ha ido. Si no nos importara, no lloraríamos. Como herramienta, llorar el amor perdido tiene un asombroso poder; si lloras, significa que lo que se perdió es digno de amor, no de vergüenza. Significa que estás dando voz a tus pérdidas. Puede ser la pérdida de la inocencia, la pérdida de un ideal o la pérdida de una parte de ti misma. Sea cual sea el motivo, el duelo significa que das el espacio para reconocer el impacto que esa pérdida tiene en tu vida actual. Tú, y cualquiera a quien pidas que esté presente contigo, pueden simplemente estar ahí como testigos. Sin juzgar, solo con amor.

Entonces, ¿qué hacemos con todo este dolor? Tiene que irse a alguna parte, ¿no? Una de las vías de expresión y trabajo que Dios nos ha dado para el dolor es la práctica del lamento. Lamentarse es simplemente una expresión emocional, honesta y vulnerable de tu dolor por lo que se ha perdido.

El lamento nos lleva a lo más profundo del corazón de Dios, que se aflige antes, con y después de nosotros. Si te cuesta hablar con Dios de tu dolor, no estás sola. Dios nos da algunas pistas en la Biblia sobre lo difícil que es llorar las pérdidas que no tienen sentido. Vemos muchos casos de lamento en la Biblia, como el llanto lleno de dolor de Judá y la desolación absoluta que tuvo lugar tras la caída de Jerusalén. Esta historia constituye un libro entero, Lamentaciones, dedicado al proceso de lamentación ante el Señor. Si todo un libro de la Biblia está dedicado a ayudarnos a saber qué hacer cuando suceden cosas malas, eso significa que es importante para Dios, ¿no?

En Lamentaciones, el pueblo clama apenado en respuesta a la destrucción real y tangible de toda una ciudad. Puede que tus pérdidas no sean tan palpables, sino más bien superficiales. Sin embargo, podemos aprender y aplicar un proceso muy similar para ayudar a reconocer, expresar y superar nuestra pena y las pérdidas de nuestro dolor pasado. El lamento ayuda a abrir la puerta a una progresión saludable del duelo. El lamento puede ayudar a dar estructura, propósito y seguridad de que estás avanzando en tu proceso de duelo.

Dicho esto, ¿cómo lamentamos esas pérdidas intangibles? Aunque no es una hoja de ruta exacta sobre cómo llorar o expresar el lamento, el esquema siguiente te da algunos pasos útiles. Dos ideas clave antes de empezar: en primer lugar, tu proceso de lamento será tan único como tus pérdidas. En segundo lugar, puedes avanzar y retroceder entre estos pasos, revisando cada uno de ellos según sea necesario. El duelo y el lamento no son procesos lineales (¡desgraciadamente!), pero te honrarás a ti misma y a tus pérdidas mientras sigues estos pasos de la manera que necesites.

- Reconoce tu sufrimiento y tus pérdidas. La lectura de Lamentaciones es un buen punto de partida.
- Clama a Dios. «¿Me oyes, Dios mío? ¿Puedes hacer algo con lo que tengo? ¿Ves mi pérdida?».
- Quéjate y pide a Dios. Exprésale tu resistencia a tus pérdidas; Él las conoce bien y puede manejar tus sentimientos de lucha. Pero también clama con la esperanza de que las cosas cambien.
- Profesa confianza en Dios. Comienza con un corazón de expectativas. Expresa, y a cambio, experimenta la confianza de que Dios recibe tus palabras.
- Recibe palabras de consuelo. Dios te ve y desea consolarte en tu dolor. Pídele el único tipo de consuelo que Él puede darte: consuelo completo y lleno de paz.

- Promete alabar a Dios en medio de la tormenta. Siente gratitud porque Dios recibe tus pérdidas, tu dolor y tu duelo. Él se inclina para escuchar tu lamento (ver Salmos 116.2).

El dolor no resuelto no suele permanecer latente en tu vida. Puede filtrarse hasta los cimientos de tu alma. Es doloroso reconocerlo. La pérdida es real y vale la pena llorarla y expresar lamento por ella, y puede tener consecuencias que causen estragos en muchas áreas de tu vida. El camino puede ser más largo de lo deseado. Puede ser costoso. Pero (respira hondo), «el que comenzó tan buena obra en ustedes la irá perfeccionando hasta el día de Cristo Jesús» (Filipenses 1.6).

Dios está haciendo una buena obra en tu vida. Puedes confiar en su obra, su tiempo y su guía. Él comienza con el lugar donde estás. Él se acerca a tu corazón quebrantado. Y Él comienza un proceso de transformación en tu vida que solo Él puede completar. Él convierte el luto en danza. La tristeza en alegría. Lo roto en reparado.

Él podría hacerlo todo en un instante. Pero, si lo hiciera, nos perderíamos la riqueza de su obra, su presencia, su consuelo y su sanidad.

El primer paso para iniciar el proceso de sanidad es identificar el «punto de dolor» (o los «puntos de dolor»). Esto en sí mismo es un proceso para identificar dónde duele y —aún más profundamente— por qué duele. Entonces podemos empezar a entender nuestras pérdidas y cómo hemos reaccionado ante las ausencias en nuestras vidas. Tómate un momento para reflexionar sobre el proceso que has seguido hasta ahora y sobre cómo podrías seguir haciendo duelo y expresando lamento de una manera decidida y que honre a Dios.

¿En qué punto de tu proceso te encuentras: reconociendo las heridas del pasado, haciendo duelo y expresando lamento o poniendo en correlación el dolor del pasado con tu vida actual? ¿Cómo puedes avanzar al siguiente paso?

____

____

¿Qué te ha impedido reconocer tu dolor y tus pérdidas?

____

____

Dios aborrece las pérdidas y la muerte incluso más que nosotros. Él dice que seremos consolados y bendecidos en nuestro llanto (ver Mateo 5.4). ¿Cómo puedes recibir consuelo hoy?

____

____

¿Dónde crees que se manifiesta tu dolor en tu vida actual? Puedes utilizar la lista de Sandi como punto de partida.

____

____

Por cuanto él inclina a mí su oído, lo invocaré toda mi vida. Los lazos de la muerte me enredaron; me sorprendió la angustia del sepulcro, y caí en la ansiedad y la aflicción. Entonces clamé al Señor: «¡Te ruego, Señor, que me salves la vida!».

— Salmos 116.2-4

Porque él no desprecia ni tiene en poco el sufrimiento del pobre; no esconde de él su rostro, sino que lo escucha cuando a él clama.

— Salmos 22.24

El gran amor del Señor nunca se acaba, y su compasión jamás se agota. Cada mañana se renuevan sus bondades; ¡muy grande es su fidelidad!

— Lamentaciones 3.22-23

Dios, hay momentos en los que no encuentro palabras para clamar a ti. Este procesar y tratar de entender mi dolor me parece abrumador. Tengo la sensación de que el dolor es como una ola que podría estrellarse sobre mí, llevándome bajo su fuerza. Sin embargo, clamo a ti porque creo en ti y en tus palabras de consuelo y sanidad. Ayúdame a ver lo que necesito ver, a decir lo que necesito decir y a conocerte más profundamente a lo largo de este proceso. Confío en que Tú estarás a mi lado, con el papel de lija listo para limar los bordes afilados de mi dolor. Gracias porque siempre me escuchas y me respondes.

MAPA DE SANIDAD

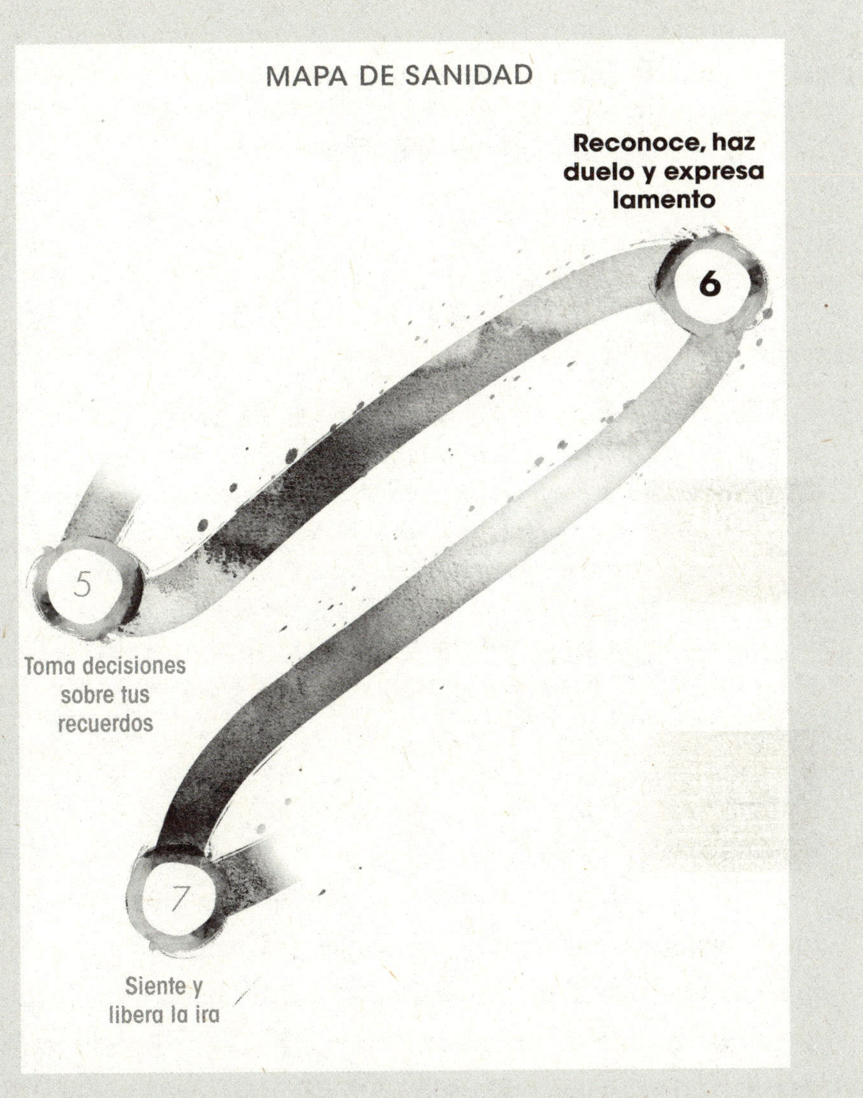

Capítulo 7

EN EBULLICIÓN

Escribir la carta sobre la ira que sugirió Michelle es más difícil de lo que pensaba. Aquí está la tensión: si soy cien por ciento sincera en cuanto mis pensamientos y palabras, debo decir que no todos honran a Dios. Cuando filtro, no sé si estoy siendo cien por ciento auténtica. Estoy en conflicto. No me va bien con lo de «Si se enojan, no pequen». ¿Saco todo afuera y me arrepiento luego? ¿Traigo cautivo todo pensamiento y escribo algo sobre lo que no sienta convicción ni condena?

– Sandi

El diván de la consulta me resultaba familiar. Llevaba meses sentándome frente a Michelle. Habíamos compartido muchas lágrimas y recuerdos dolorosos. Se había establecido la confianza. Había progreso. Y entonces, como de la nada, durante una de nuestras sesiones de terapia surgió como un volcán esta emoción intrusa. No me resultaba familiar, me chocaba y me avergonzaba admitirlo.

Ira.

Estaba enojada. Profundamente. Intensamente. Con las personas que me habían lastimado.

Con lo injusto que me parecía todo. Y conmigo misma.

Hablamos de traumas pasados. Yo soltaba cosas como: «¿Qué clase de persona hace eso? ¿Qué derecho tenían? Sigo tan enojada con ellos porque no se limitaron a hacerme daño entonces. Todavía hoy me causan dolor».

Recuerdo que Michelle dijo: «Creo que hemos descubierto otra raíz, Sandi. Estás cargando con mucha ira».

Por muy difícil que fuera compartir mis emociones y heridas más profundas, aún lo era más reconocer que tenía una ira muy arraigada. No había definido mi vida (por fuera), pero era obvio que era un inquilino de mucho tiempo en mi corazón. ¿Quién quiere admitirlo? Yo no quería. Me daba vergüenza. Me sentía débil por permitir que la ira residiera dentro de mí. Me sentía fracasada por admitir que algo de hacía décadas seguía despertando una rabia tan profunda. Me sentía como una cristiana hipócrita. ¿Cómo podía albergar en mi interior tanto el amor a Dios como una intensa ira?

Había reconocido el dolor del pasado. Había llorado las pérdidas. Ambas cosas eran necesarias y útiles. Creo que esa es una de las razones por las que la ira me sorprendió. ¿Por qué no había desaparecido ya? ¿Por qué no se había desvanecido con el tiempo? ¿Por qué seguía enojada incluso después de haber procesado el dolor?

Y, lo que es más importante, ¿qué debía hacer al respecto? ¿Cómo consigues que la ira desaparezca de tu vida?

Michelle me sugirió que escribiera una carta y se la dirigiera a alguien que me hubiera lastimado. La carta solo la veríamos Michelle y yo. Me explicó que sería una forma de reconocer los sentimientos, dirigir la ira hacia donde tenía que ir y que luego me serviría como medio de liberación.

La tarea parecía fácil en su despacho. Pero cuando empecé a poner palabras a mis sentimientos, me sorprendió la intensidad de mis pensamientos. Acudían a mi mente palabras que nunca habían salido de mi boca. Comprendía el duelo por el dolor. Pero no había encontrado ni reconocido antes estas últimas emociones.

Oré. Le pedí a Dios que me liberara de la ira. Le pedí ayuda con el ejercicio. Y le dije que quería honrarle en el proceso. Pero no tenía ni idea de cómo seguir.

La tensión era real. Sabía lo que sentía. Pero me sentía como una persona horrible. Solo la gente «mala» se enoja así. Solo la gente «mala» piensa o dice este tipo de palabras.

Sentí que tenía dos opciones: (1) ser completamente honesta. Escribir las palabras. Avergonzarme. Pedir perdón más tarde. O (2): filtrar. Escribir palabras que suenen «mejor» y saber que no estoy siendo sincera.

Como me sentía atascada, le envié un correo electrónico a Michelle. Esta es parte de su respuesta:

> *Escucho la tensión de querer honrar a Dios en tus pensamientos y expresiones, y a la vez querer ser honesta en tu humanidad y sentimientos...*
>
> *Las áreas de pecado que considero más cruciales para tener en cuenta con la ira son, en primer lugar, actuar sobre ella de una manera que sea perjudicial para otros (una necesidad de venganza, y el Señor dice que eso es cosa suya), y en segundo lugar, reprimirla (fingir no estar enojada por un acto que ha sido una verdadera violación*

de la pureza y la justicia de Dios, y que se convierte en amargura). A través de la carta, creo que intentamos evitar que ocurra cualquiera de estas dos cosas.

Estoy orando para que tengas claridad. Dios conoce tu corazón y tu mente hasta en lo más profundo: tanto tu expresión de ser humano como tu quebrantamiento, pero también tu corazón para Él. Me pregunto si esto forma parte del proceso de entregarle todo: el peligro, los pensamientos, las emociones, con sinceridad y desde un lugar de dolor y aflicción.

Esas palabras fueron de gran ayuda y las recibí como verdad. No deseaba hacer daño ni vengarme de nadie. Y no quería seguir reprimiendo mis sentimientos. Simplemente necesitaba una forma de reconocer la ira.

Una vez definidas las líneas maestras de la carta, me senté a escribir. Las palabras fluyeron. Eran sinceras, pero no edulcoradas. Algunas no formaban parte de mi vocabulario habitual. Confié en que Dios conocía mi corazón y que este ejercicio sería una parte importante del proceso de sanidad. No sé si pequé de ira o no. Sí que me sentí culpable por la intensidad de mis emociones. Me sentí culpable por pensar y por escribir palabras que en boca de mis hijos les traerían un castigo seguro. Me sentí mal por dirigir las palabras y las emociones hacia otra persona. Y hacia mí misma. Nada de eso me hacía sentir bien. ¿Me estaba condenando el Espíritu Santo? ¿Me estaba condenando el enemigo? No estaba segura. Le pedí humildemente a Dios que me perdonara si le rompía el corazón mientras el mío se sanaba. Creo que lo hizo.

Fue emotivo escribir la carta. Por alguna razón, poner las palabras sobre el papel despertó el deseo de gritar. Puede parecer una locura y algo extraño (como lo fue para mí). Me sentía como una tetera que silba y chilla porque ha llegado a su límite de ebullición. El calor tenía que escapar. Así que tomé la carta y me senté en el auto en el garaje.

La leí. Lloré. Grité.

La sentí como una liberación. Fue una liberación.

Copio aquí una parte editada (y apta para todos los públicos) de la carta:

> *Escribirte esta carta ha sido más difícil de lo que pensaba. No porque no sepa qué decir, sino porque me siento una persona horrible al decir o incluso pensar las cosas que quiero decirte.*
>
> *¿Quién te dio el derecho... de aprovecharte de una niña? ¿De aprovecharte de mí?*
>
> *Eras la parte más oscura de esa habitación oscura. El miedo recorrió mi mente y mi cuerpo aquella noche por tu culpa. ¿Te sentiste bien al hacerme daño? Te llevaste mi confianza y me pisoteaste como si no importara. Me hiciste sentir inútil.*
>
> *Todavía quiero vomitar cuando pienso en ti.*
>
> *Quiero gritarte tan fuerte que salga todo lo que llevo dentro... toda la rabia y la vergüenza, los recuerdos, el dolor.*
>
> *Este es mi grito. No fue culpa mía. Yo no te quería. No tenías derecho. Ningún derecho a hacerme sentir pequeña y usada. Sucia y asquerosa. Mala de adentro hacia afuera.*

Me da rabia seguir enojada décadas después. Esa es la verdadera vergüenza. No tenías derecho a mí esa noche. Y no tienes derecho a mi vida hoy. Voy a encender la luz. Y gritaré pidiendo ayuda.

Michelle me pidió que leyera la carta completa durante nuestra siguiente sesión de consejería. Y esto es lo interesante: esperaba sentir las mismas emociones exaltadas que acompañaron a la escritura. Pero no fue así. Estaba nerviosa, por supuesto. Se me escaparon una o dos lágrimas mientras leía. Pero la intensa ira que había alimentado las hirvientes palabras anteriores simplemente ya no estaba. Había sido sustituida por calma e incluso satisfacción. La sensación de paz era profunda. La rabia reprimida ya no se apoderaba de mi corazón. Me sentía más ligera. Libre del peso. La ira había sido escuchada. Comprendida. Redirigida. Y liberada.

El último paso del ejercicio de la carta, explicó Michelle, era deshacerse de la nota. Quemarla. Romperla. Botarla a la basura. Podía elegir. Iba a ser un final simbólico. Un último adiós. Me preguntó si estaba preparada para dar ese paso.

No lo estaba. La idea de tirar la carta me produjo cierta ansiedad. La liberación que sentí de la ira fue real y profunda. Y también lo fue la noción de haber puesto fin a algo. Simplemente necesitaba un poco más de tiempo con la carta.

En los días siguientes la leí a diario. Una y otra vez. No sé muy bien por qué. No evocaba muchas emociones, pero sentía una conexión con ella. Era una representación de mi alma. Un reflejo de un profundo dolor. Palabras que había sentido por mucho tiempo, pero que recién acababa de pronunciar. Fue catártico para mí. No me pareció bien apresurarme a dejarla. Así que no lo hice.

Con el tiempo, sin embargo, me encontré leyendo la carta con menos frecuencia. Necesitaba conectar menos con ella. Durante una de nuestras sesiones de asesoramiento, le dije que por fin estaba preparada para dejarla ir. Sin hacer mucho ruido, la boté a la basura. Una vez más, esperaba sentir algo al tirarla a la papelera. Pero no fue así. Ya había «sentido los sentimientos». Había liberado la rabia. Había dejado espacio para la paz. La prueba estaba en la basura.

Reconocer y liberar tu ira

¿Estás cargando con ira? ¿Estás dispuesta a reconocerla como lo que es? ¿Escucharla? ¿Aceptar lo que está mal? ¿Llorar? ¿Gritar? ¿Quitar sus garras de ti?

Somos muy buenas pensando en la ira y en cuál debe su lugar en nuestra vida, o si debe tenerlo. Cómo la expresamos o no. Cómo la utilizamos. Si es productiva o no. Pero, por lo general, no nos damos mucha libertad para sentirla o mostrarla. Pensamos que la única ira «buena» es la ira justa que sentimos cuando alguien ha ofendido a Dios. La ira que voltea la tortilla en defensa de Dios y de su pueblo. Un niño maltratado por quienes deberían haberlo protegido y amado... una injusticia social que se prolonga por generaciones... una vida inocente arrebatada. En circunstancias como estas, nos sentimos justificadas para dejar que nuestras emociones se desborden.

Otras veces, nuestra ira no es tan noble. La irritación por los ladridos del perro del vecino, la indignación por una multa de tráfico, esa fea discusión con nuestro cónyuge... no son nuestros mejores momentos. Pero la realidad es que somos seres humanos. Todos nos enfadamos. Por razones justificables o no. Repite conmigo: «A veces me enojo». Y eso está bien. La clave está en reconocer esa ira. Permitirnos sentirla. Considerar lo que hacemos con ese enojo.

También puedes sentirte enojada con Dios, con otros cristianos, o quizás con una iglesia que te lastimó o te abandonó en tu momento de necesidad. Estas suelen ser las experiencias más dolorosas de la ira, ya que se dirigen contra quienes fueron nuestros lugares seguros donde acudir. Tal vez estés enojada porque, según tu experiencia, Dios, otros cristianos o la iglesia no se presentaron en el momento oportuno para evitar que ocurriera algo así (o para ayudarte a sanar después). Tal vez sientas que Dios te ha abandonado a tu miseria, como la esposa de Job, que dijo: «Maldice a Dios y muérete» (Job 2.9). Eso puede parecerte extremo, o puedes estar pensando: *Sí, ¡yo también he pasado por eso!* Debemos comprender que la esposa de Job pronunció esa respuesta desde un punto de dolor insoportable. Nuestro dolor y nuestra ira, que tienen que dirigirse hacia alguien o algo, a menudo recaen sobre Dios. Esto forma parte de la historia humana. Pero, en nuestro dolor, nos equivocamos. No tiene sentido odiar al Dios bueno, al Padre perfecto que promete (y cumple) compasión, gracia, paciencia, fidelidad, misericordia y perdón.

A medida que avanzas en este capítulo sobre la ira, y sobre todo si tienes un profundo enojo contra Dios, considera las palabras de David Powlison en su libro *Good and Angry*: La ira contra Dios [...] presenta una maravillosa oportunidad para un profundo crecimiento personal [...]. Manejada correctamente, es el camino real hacia el oscuro trastorno del corazón humano». Sí, la ira puede ser un «oscuro trastorno» y puede dirigirse hacia Dios, hacia los demás y, a menudo, hacia nosotros mismos.

La ira humana tiene muchos tamaños y formas: leve (frustración), media (amargura) y grande (rabia). Aguda (violencia) y difusa (pasivo-agresividad). Puede ser un gusto agrio en la boca o una erupción volcánica. Algunas personas mostramos ira en nuestra personalidad de carácter fuerte o conflictivo. Otras hemos interiorizado la ira hasta el punto de la amargura y el resentimiento. Y si eres como yo, puedes parecer tranquila e inactiva en la superficie, pero en realidad, es posible que te hayas deshecho de la emoción de la ira porque nadie te dijo que estaba bien sentirla y expresarla. La has reprimido tanto que ya no te parece accesible.

En estos casos, la expresión de ira a la que recurrimos puede ser el tratamiento silencioso mientras volvemos a controlar nuestras emociones. O tal vez nuestro terapeuta nos enseñó a golpear una almohada (y eso funciona por el momento). Puede que demos algún portazo. O que pasemos tiempo en el pozo de la autocompasión cuando nos han lastimado. Puedes pasar algún tiempo en el pozo de la autocompasión; solo asegúrate de no abusar de su hospitalidad.

El reto consiste en asegurarnos de que nuestra ira —y nuestra expresión y respuesta a esa ira— sea productiva. Que tenga un propósito. Que puedas resolver tu ira lo suficiente como para encontrar la paz, el perdón, la misericordia. Puede ser una ira constructiva. Si no, la ira puede convertirse en una emoción oscura, turbulenta y destructora de la vida. Esto es ira destructiva.

¿Cómo llegué a creer que la ira de Sandi podía ser constructiva (aunque ella no era una persona que se enojara) y que su expresión podía dar vida? En primer lugar, sabía que había sido agraviada por otro ser humano. Como estamos hechos a imagen de Dios, cuando otro peca contra nosotros, es sencillamente inexcusable. Su ira tenía justificación. Pero necesitaba expresar y controlar sus emociones y reacciones antes de poder sentir paz.

En segundo lugar, demostró que se preocupaba lo suficiente por su yo más joven (y por su yo actual) como para sentir este tipo de emoción tan fuerte. La apatía es la antítesis de la sanidad. La ira suele surgir cuando algo o alguien importante para nosotros se ve amenazado, incluso un recuerdo de una misma en su infancia y de cómo deberían haberte tratado en lugar de cómo te trataron en realidad.

Tercero, era apropiado tomar algún tipo de acción con la ira. Pero esta acción estaba contenida dentro de la seguridad de su relación con Dios y dentro del espacio de consejería. Como verán, no le recomendé a Sandi que se presentara en la casa de la otra persona para confrontarla (por supuesto), y ni siquiera envió la carta por correo. La acción fue ver sus palabras en una página y liberar las emociones profundas que tenía asociadas con esta persona.

En cuarto lugar, era clave examinar los motivos que había detrás de los sentimientos y la expresión de ira de Sandi. ¿Era para castigar a la otra persona? ¿O para lamentar la injusticia y pedir ayuda a Dios para resolver su ira? Si nos movemos hacia la venganza, es exactamente cuando debemos quedarnos quietas. Ninguna venganza ha satisfecho jamás la injusticia que la originó.

Recuerda que Dios también siente ira por lo que te pasó, por las mentiras que te dijeron y por las ofensas que recibiste. Él se enoja primero, y nosotros solo lo emulamos, cuando nuestro enfado procede del amor. Como señala Powlison: «La ira de Dios no es impredecible y mezquina. Es producto del amor traicionado (cuando es a Él a quien ensucian) y de la compasión por las víctimas de la injusticia (cuando son otros los perjudicados)». Dios trata a todos los implicados en igual medida: con justicia y misericordia, con amor y con ira correctiva. Sin embargo, Él a menudo manifiesta su ira de manera diferente a nosotros, y es útil observar su versión correcta en lugar de ceder sin más a nuestra propia manera de sentir y ejercer esta emoción tan fuerte. La ira de Dios se caracteriza clara y consistentemente por:

- Lentitud para la ira y prontitud para mostrar misericordia (ver Salmos 145.8-9).
- Justicia y ecuanimidad (ver Salmos 10.14).

- Lógica, con una causa y un efecto claros (ver Deuteronomio 29.27-28).

Es una lista bastante larga, sobre todo cuando la ira puede resultar tan abrumadora. La ira es una de las emociones humanas más fuertes. Pero no podemos albergarla demasiado tiempo sin que se vuelva destructiva interna y externamente.

Aunque resolver la ira es todo un proceso en sí mismo, es totalmente posible. A medida que avances en el reconocimiento y la resolución de tu ira, considera el siguiente camino a seguir. También puede resultarte útil escribir tus respuestas en un diario mientras contemplas tu forma de sentir, distinguir y progresar a través de la ira.

- ***Identifica tu tipo de ira.*** ¿Estás tratando de emular la lentitud de Dios para la ira, la estás acumulando, o estás liderando con un temperamento acalorado? Si la estás acumulando, date permiso para sentir. Seguir el camino que se indica a continuación te ayudará a darte permiso para identificar y sentir. Si te enojas con rapidez, respira hondo y frena. Se supone que debemos ser pacientes, incluso cuando tenemos razón con nuestra ira.
- ***Identifica a la persona que está en el centro de la ira.*** Puede ser otra persona, tú misma o Dios, o una combinación de los tres. ¿Qué o quién fue agraviado? ¿Quién o qué causó el daño?
- ***Identifica la fuente que está causando el enfado. ¿Por qué estás enojada?*** *¿Qué es* lo que fue violado? ¿Fue

un valor, un ideal, un sueño, una injusticia o alguna dignidad?

- ***Pronuncia el nombre de la causa y el efecto.*** *Esto ayuda a que la ira pase de ser una experiencia puramente emocional a una en la que la racionalidad también tiene cabida, a semejanza de nuestro Padre, que es a la vez emocional y lógico. En esencia, se trata de mencionar la raíz de la ira: sucedió este acontecimiento concreto, y este fue el resultado.*
- ***Actúa con tu ira.*** Se trata de evitar que la ira se arraigue profundamente en el resentimiento y la amargura. Creo que esta es la razón por la que Efesios 4.26 dice: «Si se enojan, no pequen. No permitan que el enojo les dure hasta la puesta del sol». Es un recordatorio para que te apresures e intervengas en tu ira antes de que se convierta en pecado. Para muchos de mis clientes, expresar la ira verbalmente y recibir compasión como respuesta ha sido sanador. Otros, como Sandi, se han beneficiado de escribir una carta desde una voz que ha estado callada por mucho tiempo. Ahora bien, estas acciones no eliminarán por completo tu ira; eso probablemente no sea posible a este lado del cielo. Sin embargo, te proporcionarán alivio, liberación y un poco de paz. Es una esperanza realista, basada en la realidad de tu sufrimiento, pero con un renovado sentido de invitación a la sanidad.
- ***Deja espacio a tu ira.*** No sabes cuántos clientes —sobre todo mujeres— han venido a mí diciendo:

«Pero yo no soy una persona iracunda». Es una apreciación acertada: en el fondo, no estamos hechos de una enorme bola ardiente de furia. Pero cuando moramos en la tienda de la ira, a menudo nos olvidamos de dejar espacio para otras posibilidades: para la amabilidad, la paciencia, la misericordia, la justicia, la compasión, el perdón. Lo sé, ¡es más fácil decirlo que hacerlo! Sin embargo, no estás destinada a ser un recipiente lleno de ira y enojo. La ira es territorio de Dios, y gran parte de ella se resolvió cuando Jesús vino con su misericordia para tender puentes (en lugar de quemarlos). Tú, como amada de Dios, también eres una vasija para todas estas piezas vitales. Considera: en tu vasija, ¿cuánta ira quieres contener? ¿Cuánto perdón? ¿Hay espacio para mostrar misericordia a quienes no la merecen? ¿Cómo podrías pedir ayuda a Dios para hacer espacio en tu vasija?

El dolor que has experimentado ha provocado una bifurcación en el camino. La elección, cuando te ofendes, es entre el camino de la amargura y el resentimiento o el camino de la gracia y la misericordia y la libertad, como Sandi experimentó, y como tú puedes hacerlo. Cuando trabajas para dejar un lugar de gracia para tu ira, te estás liberando del dolor. Estás trabajando activamente para vivir la imagen de Dios que es perdón y gracia, incluso cuando las lágrimas no se secan completamente o cuando tus enemigos no son vencidos hasta el último día. Te estás acercando a Dios en lugar de alejarte, hacia una fe honesta, con un grito de fe en lugar de un grito de rabia.

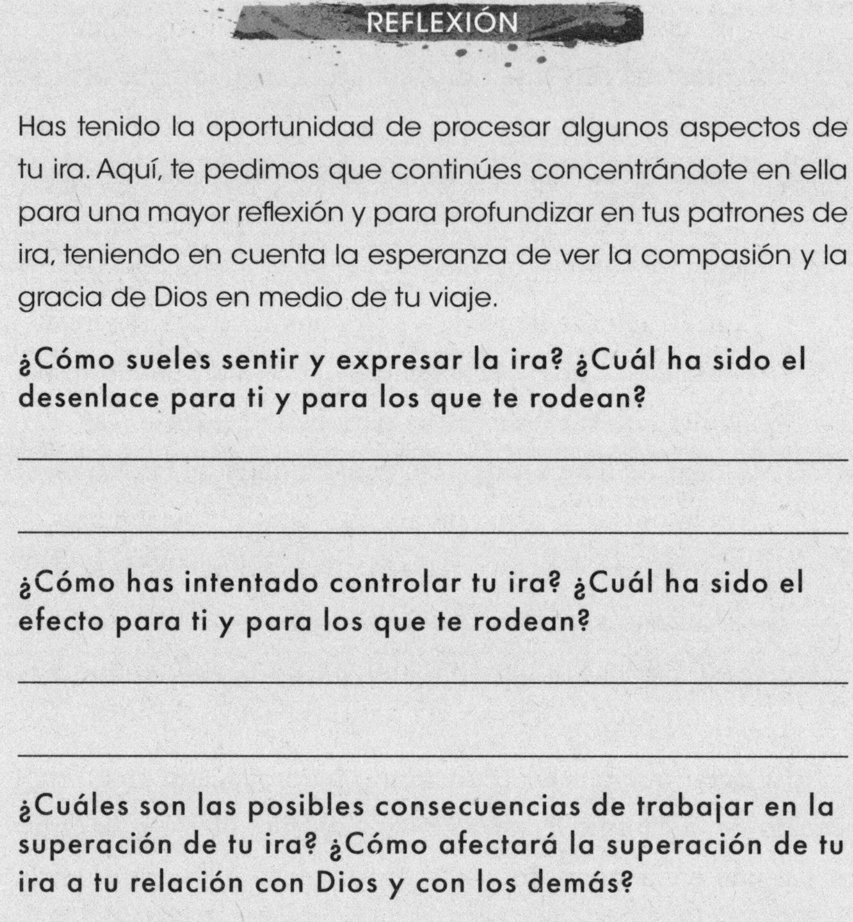

REFLEXIÓN

Has tenido la oportunidad de procesar algunos aspectos de tu ira. Aquí, te pedimos que continúes concentrándote en ella para una mayor reflexión y para profundizar en tus patrones de ira, teniendo en cuenta la esperanza de ver la compasión y la gracia de Dios en medio de tu viaje.

¿Cómo sueles sentir y expresar la ira? ¿Cuál ha sido el desenlace para ti y para los que te rodean?

____

____

¿Cómo has intentado controlar tu ira? ¿Cuál ha sido el efecto para ti y para los que te rodean?

____

____

¿Cuáles son las posibles consecuencias de trabajar en la superación de tu ira? ¿Cómo afectará la superación de tu ira a tu relación con Dios y con los demás?

____

____

Dios es un juez justo, un Dios que en todo tiempo manifiesta su enojo.

— Salmos 7.11

Mis queridos hermanos, tengan presente esto: Todos deben estar listos para escuchar, y ser lentos para hablar y para enojarse; pues la ira humana no produce la vida justa que Dios quiere.

— Santiago 1.19-20

Porque si, cuando éramos enemigos de Dios, fuimos reconciliados con él mediante la muerte de su Hijo, ¡con cuánta más razón, habiendo sido reconciliados, seremos salvados por su vida!

—Romanos 5.10

Dios, por favor trae paz y sabiduría a mi mente y a mi corazón durante este tiempo de ira. Sustituye mi ira por confianza en ti. Cuando sienta resentimiento o amargura, recuérdame tu misericordia y gracia. Cuando sienta que la venganza es la respuesta, recuérdame tu justicia perfecta. Ayúdame a conocer tu propósito para

mi ira. Que tu bondad y tu misericordia me acompañen todos los días de mi vida para que pueda habitar en la casa de paz del Señor para siempre.

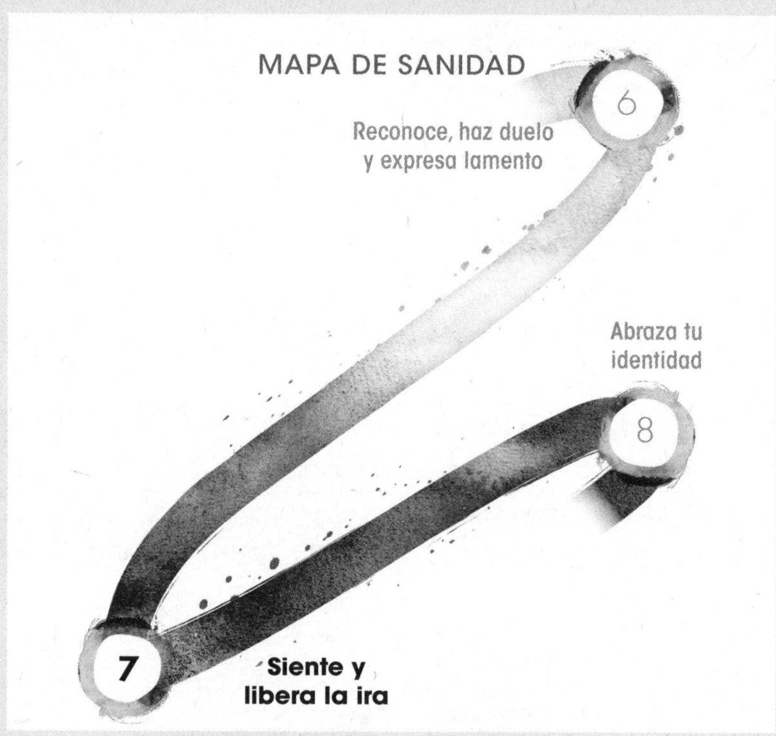

Capítulo 8

LA PERCEPCIÓN ES LA REALIDAD

Tuvimos una buena sesión de consejería hoy. Michelle afirmó que Dios está obrando y que estamos haciendo progresos. Alabado sea Dios. Estoy adquiriendo entendimiento. Comprendiendo los problemas principales. Reconociendo los pensamientos negativos y desafiándolos con la verdad más a menudo.

Me pidió que orara acerca de mi identidad, como niña y como adulta. Menuda tarea. Nunca había pensado en ello. Conozco mis roles: esposa, madre, líder de radio cristiana. Pero creo que este ejercicio me desafiará a profundizar. Voy a pedirle a Dios que me revele la verdad al reflexionar sobre mi identidad.

- Sandi

Parecía que las estaciones empezaban a cambiar. Desde el punto de vista emocional, la primera mitad —o más— de mi viaje de terapia había sido como el otoño y el invierno. El cambio se estaba produciendo lentamente en el interior, pero a menudo lo sentía como un árbol que pierde sus hojas. Me sentía expuesta. Se habían revelado algunas realidades frías que se habían convertido en una bola de nieve, y en condiciones de visibilidad cero.

Pero ahora había signos de un nuevo crecimiento. La esperanza estaba brotando. Esta nueva estación consistía en aprender a pensar de un modo nuevo, basado en la verdad y no en la vergüenza. Y de aprender a volver a entablar relaciones de un modo más auténtico. En los próximos capítulos, nos centraremos en restablecer la relación con Dios y con las personas más cercanas. Pero en mi consejería —y en este libro— me recordaron que el punto de partida para todo eso es la relación más cercana a nosotros: la relación que tenemos con nosotros mismos.

Más concretamente, la relación que tengo conmigo misma. «¿Cuál es tu verdadera identidad?», me preguntó Michelle cuando empezamos este nuevo capítulo de mi viaje. Me explicó que podía ser diferente de cómo me sintiera cada día. O cómo me veían otros. En cambio, nuestra verdadera identidad está en el centro de lo que realmente somos, y afecta a todo lo demás, que era algo que yo no había entendido o ni siquiera considerado antes. Era un concepto completamente nuevo. A través de mis sesiones de asesoramiento, ahora estaba aprendiendo que esta relación con uno mismo dirige cada pensamiento y decisión en nuestras vidas.

Es el pozo del que beben todas las demás relaciones.

Era una cruda realidad comprender que mi relación conmigo misma necesitaba reparación. Además, no había nadie más con la responsabilidad de arreglarla. Yo, yo misma y yo íbamos a tener que aprender a ser dueñas de nuestra relación y a cambiarla.

Michelle me pidió que pensara en mi identidad de cuando era niña y en qué se parecía o diferenciaba de la actual. Me explicó que nuestras identidades cambian y crecen a la par que nosotros. No sé por qué me impactó tanto, pero lo hizo. Me pareció cierto y bueno. Esperanzador.

Antes de intentar responder a las preguntas sobre la identidad, oré. Le pedí a Dios que me revelara la verdad sobre cómo me veía de niña. Cómo me veo hoy. Y cómo me ve Él hoy. Esto es lo que escribí:

Identidad en mi infancia

Me sentía fea. Diferente. Mala. Poco querida. Usada. Me sentí como un error no deseado.

Cuando estaba en la secundaria, deseaba desesperadamente tener una relación con Dios. Pasé adelante por el pasillo de la iglesia docenas de veces. O más. Sentía un amor sincero por Dios, pero temía ser rechazada una vez más. Deseaba ser amada por Dios. Esperaba serlo. Pero tenía dudas.

En los últimos años de secundaria empecé a tomar en exceso. Tomaba con amigos; lo hacía sola; para emborracharme; para entumecerme. Otro secreto guardado.

Al considerar mi identidad de la infancia, estas palabras me llaman la atención: Guardiana de secretos. Escéptica (de Dios, de mí misma y de todos).

Identidad en mi adultez

El verano anterior a mi último año de instituto, mi madre me echó en cara cuánto había bebido y mentido para ocultarlo. Me dijo: «¿Quién eres? Ya no te conozco».

Dios usó sus palabras para atravesar mi corazón. Recogí todo el alcohol escondido en mi cuarto y en mi auto y me fui

> *al campo. Rompí todas las botellas y clamé a Dios. Admití que yo tampoco sabía quién era. Le entregué el desastre de mi vida y le pedí un nuevo comienzo. Dejé el alcohol. Encontré una nueva paz en mi relación con Dios. Me convertí en una buscadora de la verdad.*
>
> *Después de casarme y tener hijos, mi identidad se amplió para incluir un amor sacrificado y comprometido por la familia.*
>
> *A través de un llamado para servir en la radio cristiana, mi identidad creció de nuevo para incluir un corazón para los perdidos. Yo era una portavoz de la verdad.*
>
> *Sin embargo, también había otra parte de mí: Perfeccionista. Empeñada en complacer a la gente.*

Fue un ejercicio impresionante. Antes de hacer este ejercicio mental, nunca había utilizado la mayoría de esas palabras para describirme. Buscadora de la verdad. Vocera de la verdad. Guardiana de secretos. Escéptica. Complaciente. La desconexión era evidente. La verdad en una mano y las vergonzosas realidades del pasado en la otra. Yo me aferraba a ambas.

Ahora comprendía la importancia del ejercicio. Nuestros pensamientos (incluso los subconscientes) dirigen todos los ámbitos de nuestra vida. Las palabras que resumían lo que pensaba de mí misma, aunque nunca las había pronunciado a viva voz, habían sido el telón de fondo de mis pensamientos y emociones más profundas desde la infancia. El combustible del fuego que nunca entendí ardía, contaminaba y moldeaba mi forma de relacionarme conmigo misma y con los demás. El filtro a través del cual veía y experimentaba... todo.

Fue chocante, pero en el buen sentido, porque estaba viendo y comprendiendo la diferencia entre verdad y realidad.

La verdad puede basarse en hechos. Pero la realidad de nuestros pensamientos —positivos o negativos, verdaderos o falsos— determina quiénes somos.

En los años 80, el estratega político Lee Atwater acuñó la frase: «La percepción es la realidad». En política, la premisa es sencilla: lo que un votante cree que es verdad da forma a su voto. Así que, como puedes imaginarte, el trabajo de un político a menudo gira en torno a influir en la mentalidad y las percepciones de los votantes. En el mejor de los casos, se trata de educar a los votantes. Pero, para los menos escrupulosos, puede llevar a manipularlos maquillando u omitiendo hechos.

Hay algo que aprender de este principio.

Como creyentes, comprendemos la verdad de que nuestra identidad está arraigada en Cristo. Somos sus hijas, plenamente amadas y abrazadas por Él, nuestro Padre celestial. Pero ahora me enfrentaba al hecho de que nuestra percepción de quiénes somos puede estar moldeada (deformada) por experiencias muy reales y dolorosas de nuestro pasado que entran en conflicto con la verdad. Antes de poder abrazar plenamente la verdad de quién Dios dice que soy, necesitaba entender la raíz de mis percepciones. ¿Por qué? Porque esa era mi realidad actual. Era el filtro a través del cual me veía a mí misma y al mundo, incluso la verdad de Dios. Y mi pasado me había estado mintiendo.

Algo hizo *clic* en mí. Había llegado el momento de volver a entablar una relación conmigo misma que reflejara las percepciones cambiantes de mi mente y mi corazón. Mi identidad estaba cambiando y deseaba tener una relación sincera y compasiva conmigo misma. Así que volví a Dios con una nueva petición. Puse a sus pies todas esas palabras que había estado usando para describirme por tantos años, y le pedí que me dijera lo que Él diría de mí.

Esto es lo que el Señor me trajo a la mente sobre mi nueva identidad: Yo era un tesoro para Dios.

Fue inesperado. Nunca me había planteado que el Dios del universo me apreciara como su tesoro. Siempre había sabido que me amaba. Pero lo veía como un amor obligatorio: Él ama a todo el mundo, así que también tiene que amarme a mí. Creo que nunca lo dije a viva voz, pero era una convicción profundamente arraigada en la vergüenza, no en la verdad de la Palabra de Dios. Sin embargo, ahora había una verdad más profunda que inundaba mi corazón: El amor de Dios no se basa en la obligación. Su corazón anhela tener una relación conmigo. Y contigo.

Dios quería una conexión significativa conmigo. Bueno, estaba trabajando con creer en eso. ¿Pero yo era un tesoro para Él? Esa verdad todavía me parecía tosca y extraña, demasiado increíble para considerarla siquiera. Sin embargo... cuanto más oraba al respecto, más decidida estaba a aceptarla. A dejar que, por primera vez, calara hondo en mi alma sedienta. Podría llevarme un tiempo aceptarlo plenamente, pero me estaba dando cuenta de que Dios creía lo suficiente por los dos. Me estaba diciendo lo que sentía. Me lo había estado diciendo todo el tiempo. Y ahora que le escuchaba, le oía: ya no era la indeseable. Ni la tolerada. Yo era el tesoro.

Dios me recordó una cobija que había hecho mi abuela. Tenía diez hijos y un montón de nietos y bisnietos. Pero solo uno nació el día de su cumpleaños. Yo. Así que lo celebrábamos juntas a menudo. Quizás esa era una de las razones por las que teníamos una relación tan estrecha. Ella era accesible. Fácil de amar. Y yo me sentía especial cuando estaba con ella.

También me sentí especial el día que me regaló la cobija. Estaba hecha con retazos de tela que tenía por casa. No tenía colores ni dibujos. Ni diseño. Solo retales cosidos a mano con mucho amor. Para algunos habría sido una cobija de locos. Aleatoria, extraña, un desastre. Para mí era un tesoro.

No voy a mentir. La cobija no es agradable a la vista. No es bonita ni impresionante. No tiene valor en el mercado. Pero es una de las posesiones más queridas que tengo. La tengo guardada a buen recaudo. Un par de veces al año la saco para ver si sigue oliendo como su casa. Si todavía puedo oírla decir: «Adelante, llora, Sandi. Te sentirás mejor». Si todavía puedo recordar cómo me sentía cuando pasábamos tiempo juntas. Por eso tengo esa colcha como un tesoro. No solo fue un regalo de ella, sino también un recuerdo tangible de nuestra relación. Un tesoro en mi vida. Durante años, pensé en mí misma como esa cobija rara. Simple, estrafalaria, desparejada. De poco o ningún valor. Pero Dios me ha estado desafiando a echar otro vistazo, más allá de los retazos y raspaduras, y ver el tesoro.

Atesorada. Qué verdad tan profunda. Qué manera tan tierna tiene Dios de llegar a mi corazón: saber que Él me tiene como un tesoro. No porque sea impresionante o haga cosas buenas. No porque luzca bonita o me desempeñe bien. Él me ama por mí. Ama el tiempo que pasamos juntos. Me aprecia. Piensa con cariño en mí.

Me tiene como un tesoro.

Para un corazón herido, eso era muy difícil de entender. El dolor y la vergüenza me habían convencido de que no era querida. Esa era mi percepción. Pero mi corazón en proceso de sanidad estaba viendo la realidad de que soy amada por mi Padre. Como una cobija única hecha a mano. Quizá algo peculiar, pero invaluable. El salmista tenía toda la razón: «Tú creaste mis entrañas; me formaste en el vientre de mi madre. ¡Te alabo porque soy una creación admirable! ¡Tus obras son maravillosas» (Salmos 139.13-14).

Conocer algo de lleno, con el corazón y la mente... Eso es congruencia. Sentí como si me marcaran el corazón. Se hizo una afirmación y la acepté. Yo había conocido a Jesús como Salvador, pero ahora lo estaba descubriendo como Abba Padre. Y Él estaba dejando claro que yo tenía una nueva identidad, arraigada en la verdad: «Sandi, eres un tesoro». Entender eso supuso un gran cambio de perspectiva para mi mente y mi corazón.

No estoy rota. Ni sin amor. Ni llena de dudas. Ni guardando secretos. Soy un tesoro.

Quién eres realmente

Identidad. La tarea de Sandi consistía en describir su identidad en su infancia y en su edad adulta. Como ocurre con muchos ejercicios terapéuticos, se convirtió en mucho más cuando se planteó no solo quién era, sino también de dónde venía todo aquello. La forma en que se describía a sí misma se basaba en sus primeras experiencias... que luego se colaron en su identidad de adulta, e incluso en cómo pensaba que Dios la percibía. Sí, ella amaba a Dios y sabía que Él la *amaba* (en su mente, porque Él tenía que hacerlo; eso es lo que hace un Dios bueno), pero ¿cómo podía *gustarle* si todas esas duras descripciones de ella eran ciertas? ¿Cómo tenerla como un tesoro?

Según el Oxford English Dictionary, la definición principal de identidad es «El hecho de ser quien o lo que una persona o cosa es». En psicología, y según la experiencia de Sandi, la identidad está estrechamente relacionada con la autoestima, la autovaloración y la relación con uno mismo, positiva o negativa. En su libro *El don de ser tú mismo.* David Benner define la identidad como «lo que experimentamos que somos: el "yo" que cada uno de nosotros lleva dentro». La identidad también da pistas a los demás sobre quiénes somos y qué contienen nuestras experiencias vitales. También podemos construir cuidadosamente nuestra identidad para darnos un sentido, un propósito e incluso seguridad.

La identidad se describe a menudo por los roles que desempeñamos en la vida.

Por ejemplo

- Hija
- Madre
- Tía

- Hermana
- Esposa
- Amiga
- Estudiante
- Empleada
- Empresaria

Todo eso son afirmaciones relativamente neutras del tipo «yo soy…», ¿no?

Pero aquí es donde nos metemos en problemas con nuestra relación con nosotras mismas: cuando empezamos a asignar calificativos negativos a nuestra identidad. Y aún más, cuando estos calificativos negativos se convierten en absolutos. Cuando siguen a afirmaciones del tipo «yo soy»... entonces empezamos a creer y a actuar a partir de estos calificativos negativos.

¿Cuáles son algunos de los calificativos negativos de nuestra identidad?

- No soy una persona inteligente.
- Soy una mala madre.
- Soy un fracaso como esposa.
- Soy una amiga horrible.

Estos «soy» negativos y absolutos proceden de dos lugares: primero, del interior de nuestra cabeza y, segundo, de los mensajes de los demás. Cuando proceden de un lugar interno, puede ser que te hayas puesto un listón imposible.

Hay poco espacio para las meteduras de pata humanas porque eso nos parece una muestra de pérdida de control, de vulnerabilidad, debilidad y, por tanto, es inaceptable. Cuando proceden de los mensajes de los demás, es cuando una vieja etiqueta se «reaviva» por una experiencia o interacción actual con otra persona.

Lo que es más, estas dos fuentes suelen funcionar de forma irritantemente coordinada. Algo despierta un viejo calificativo negativo sobre tu identidad, lo que refuerza la percepción interna, y así sucesivamente. Estos calificativos negativos de «yo soy» solo sirven para mantenernos estancadas, aisladas, ansiosas e incluso traumatizadas.

Mira de nuevo esos ejemplos de calificativos de identidad absolutos negativos. ¿Puedes empezar a ver el bucle interminable y destructivo que puede causar esta retroalimentación interna/externa?

- ***No soy una persona inteligente.*** (Un familiar me dijo que era estúpida y que no llegaría a nada. Ayer reprobé un examen, y eso significa definitivamente que no soy lo bastante buena para seguir una carrera que me encanta).
- ***Soy una mala madre.*** (Alguien me dijo una vez que la ira es mala. Grité a mis hijos porque estaban haciendo tonterías. Estaba enojada y por eso soy una mala madre).
- ***Soy un fracaso como esposa.*** (Se supone que una esposa debe satisfacer las necesidades de su marido, pero el abuso ha hecho que me sienta incómoda

en la intimidad. Por lo tanto, he fracasado en satisfacer nuestro matrimonio como cabía esperar que lo hiciera).

- ***Soy una amiga horrible.*** (Mi mejor amiga murió y no oré lo suficiente para que se sanara. Por lo tanto, no merezco tener una buena amiga).

Volvamos a la definición de *identidad* del Oxford English Dictionary. La definición señala que identidad es «El hecho de ser quien o lo que una persona o cosa es». A menudo, como le ocurrió a Sandi, recibimos un mensaje al principio de nuestras vidas que, de alguna manera, en algún momento, se convierte en un hecho. Sea o no sea verdad, lo creemos firmemente. Se convierte en incuestionable. Nuestra realidad. Si ese mensaje fue negativo... Ya ves adónde nos lleva.

A veces, la identidad que teníamos era positiva y, entonces, alguien o algún acontecimiento —como una muerte o un divorcio— la hace saltar por los aires. En la sala de consejería, suelo ver este choque de identidades cuando algo amenaza la forma en que los clientes piensan de sí mismos. A menudo, sucede cuando han elevado una de sus identidades a un lugar de demasiada importancia, identificándose tan estrechamente con un papel en particular que se convierte en la definición de quiénes son. Cuando esa identidad se ve amenazada o se encuentra en terreno inestable, surge la duda, el pensamiento negativo e incluso la depresión y la ansiedad. Tal vez te estés haciendo preguntas parecidas a estas:

Cuando me divorcié, ¿seguía siendo una buena esposa?

Cuando me despidieron, ¿tenía que haber elegido esta carrera profesional?

Cuando mi hijo acosó a otro, ¿seguía siendo una buena madre?

Todos tenemos una identidad central, un ser específico, en el que fijamos todas nuestras demás identidades. El peligro aquí es que todas nuestras identidades fuera de la imagen de Jesús son falsas. Cambian constantemente (dependiendo de las opiniones de los demás y de las nuestras) y son temporales (ya que no necesitaremos roles en el cielo). No es exactamente en lo que queremos basar nuestras vidas.

Hace poco, cometí un error con un cliente. No fue un error que pusiera en peligro mi vida, pero confundí mi calendario y me salté a una cita. Para unas relaciones que se supone que se basan en la coherencia y la confianza, no fue un paso fácil. Es cierto que fue un error sin intención, que hasta el terapeuta más atento probablemente lo haya cometido alguna vez. Pero ese error resonaba en la cueva de algunos viejos mensajes que ni siquiera sabía que aún llevaba encima. Mis pensamientos eran más o menos así:

Has metido la pata.

Eres mala en las relaciones.

Por lo tanto, eres una mala terapeuta.

¿Ves lo rápido que puede ocurrir? Estos pensamientos vinieron a la velocidad de la luz y tenían el potencial de bombardear todo mi estado de ánimo y mis interacciones durante el resto del día, si no más. Si dejaba que estos sentimientos se agravaran por mucho tiempo, podían llegar a convencerme de que ni siquiera debería seguir siendo terapeuta porque no sirvo para ello.

¿Puedes ver el poder de la mentira en esa historia? Tuve que salir de la espiral de identidad negativa comprobando los hechos de la historia. ¿Qué más había que tener en cuenta además de los absolutos mencionados?

Metí la pata.

Es un error enmendable.

Dios me ayudará, y a mi cliente, a recuperarme de este error cuando me disculpe.

Soy una buena terapeuta porque Él me ayuda a ser una buena terapeuta.

¿Ves la crucial diferencia? Lo que me conté a mí misma en la primera historia estaba lleno de conclusiones débiles, es decir, una historia corta e incompleta de mi identidad. La segunda historia tenía en cuenta la totalidad de la situación, sin negar el error, pero incluyendo conclusiones sólidas. Contenía una perspectiva, un tema e incluso un nuevo personaje en la historia: Dios y sus calificativos sobre mi trabajo. Esta historia reflejaba la verdad de una segunda oportunidad y el hecho de que soy una terapeuta útil, de lo cual hay muchas más pruebas que en la primera manera de contarlo. No estamos hablando de un aumento del ego solo para sentirse mejor con uno mismo. De lo que estamos hablando aquí es de un verdadero cambio de pensamiento. Pasar de la afirmación negativa y absoluta «Yo soy» a «Espera un momento, hay más en la historia».

Puedes imaginarte los diferentes resultados de esta nueva historia.

Ya, menudo drama, puedes estar pensando. *Una cita de consejería perdida. Lo que yo he hecho es mucho peor.* Ese tipo de culpa y condena solo se suma a la historia de «soy un fracaso» de tus errores o de tu identidad. Se convierte en una cámara de eco que pone ese error en el centro. Es más, sugiere un nivel de valía frente a falta de ella.

Permítanme un amable recordatorio: no hay grados de «peor» en la economía de la gracia de Dios. Su amor y compasión vienen sin restricciones ni condiciones. Así que, ¿puedes concederte hoy algo de su gracia? El acto de pedir prestada esa gracia es el primer desafío a la historia que te has estado contando a ti misma.

Cuando Sandi y yo nos conocimos, estaba claro que ella conocía a Jesús y tenía una relación con Él. Conocer el amor de Dios no era el problema. Pero el dolor de su rechazo y abandono en el pasado la había llevado a un bloqueo mental y emocional que la hacía dudar del amor de Dios hacia ella. No de su *amor* por ella, sino de que ella le *gustara.* Y si no le gustaba o no podía gustarle, no había forma de que ella se sintiera como un tesoro para Él.

Tal vez esta sea una experiencia fundamental para ti también.

Sabemos que el amor y el perdón de Dios son más profundos de lo que podemos llegar a comprender. Pero ¿qué pasa con la aceptación y el simple hecho de ser amada por Dios (¡y mucho menos valorada como un tesoro!)? ¿Acaso no queremos gustar, especialmente al Creador de, bueno, de todo? Sentir que gustamos nos da la libertad de actuar con plenitud en una relación, de ser vulnerables y de reposar en un lugar de identidad verdadera.

Veo esto a menudo en las preciosas mujeres que encuentro en la sala de consejería. Saben que Dios las ama, igual que te ama a ti. Esto se hace muy evidente en Juan 3.16. «Porque tanto amó Dios al mundo que dio a su Hijo unigénito, para que todo el que cree en él no se pierda, sino que tenga vida eterna». Puedo ver tus ojos moviéndose sobre esas palabras familiares, tu boca pronunciándolas en voz baja de nuevo. Crees que su amor es verdad. Lo crees porque Dios lo declara.

Sin embargo, ¿qué pasa si ese amor te parece real, pero todavía hay cierta distancia relacional entre tú y Dios? ¿Y si, como te ocurre con otras personas en tu vida, subyace el temor de que no le gustes?

Tal vez sientas que tu dolor del pasado ha creado este velo de duda. Tal vez sientas que has metido la pata demasiadas veces como para que Dios te quiera. Tal vez estés convencida de que Él solo te perdona y te ama por obligación. Tal vez no hayas sido querida o apreciada en otras relaciones, y eso está afectando tu experiencia de intimidad con Dios. Puede que desees proteger tu corazón, incluso de Dios. Si esos temores están presentes, pueden crear un muro que impida la verdadera intimidad con Él.

¿Cuáles son algunos de los indicadores de que posiblemente no exista el nivel deseado de verdadera intimidad entre tú y Dios? Tómate un tiempo para leer esta lista en oración, pidiendo a Dios que te revele si alguno de estos puntos te suena.

- ***Incomodidad con pasar tiempo con Dios.*** Cuando pasamos una buena cantidad de tiempo con alguien, normalmente nos sentimos más conocidos (al menos más conocidos que, por ejemplo, la relación momentánea con el dependiente del supermercado al que ves una vez a la semana o incluso con tu médico de familia, que conoce tu cuerpo pero no tu corazón). Del mismo modo, pasar un tiempo profundo e íntimo con Dios puede hacernos sentir más visibles, lo que nos hace sentir más vulnerables, ¡y ambas cosas pueden ser aterradoras y buenas!
- ***Comprometerse con Dios a través de listas de tareas.*** Sí, Dios nos llama a servirle, pero un énfasis excesivo en el servicio dentro de la relación puede significar que estamos evitando el tiempo íntimo que pasamos sentadas con Él y en Él. Tal vez existan viejos mensajes de que hay que hacer cosas (y hacerlas bien) para caer bien. Pero eso no es lo que califica una relación con Dios. Aléjate de la lista de tareas por un momento y recuerda: Dios nos creó para ser seres humanos y no para hacer cosas humanas.
- ***Atribuir a Dios características que no son suyas.*** Nuestros padres terrenales, para bien y para mal, nos enseñan desde muy pronto acerca de cómo relacionarnos con Dios. Lo mismo ocurre con nuestras otras relaciones desde la infancia hasta este momento. Es natural aprender y buscar patrones en todas nuestras relaciones y asumir sus rasgos en todos los ámbitos.

> Si tuviste un padre más distante, por ejemplo, puede que veas a Dios como lejano, remoto, desinteresado. En cambio, si tuviste una relación de apego seguro con tus padres, probablemente sientas a Dios como un refugio seguro al que llevar tus necesidades, tus penas, tus alegrías. Si tu primera amiga te traicionó y te criticó a tus espaldas, quizá te preguntes cómo puedes gustarle a Dios. Si tu marido declaró un día que ya no te amaba, tal vez te preguntes cómo puede amarte Dios.

Si alguno de estos indicadores se aplica a tu relación con Dios, hay esperanza. No hay nada que puedas hacer o experimentar que cambie el hecho de que Dios no solo te ama, sino que también le gustas. Él te tiene a ti, y a todo lo que eres, como un tesoro. ¿Qué supondría para tu relación con Él saber —creer de verdad— esto? ¿Saber que Él te valora tal como eres? ¿Aceptar que Él no está de acuerdo con todos esos mensajes antiguos y actuales de que no eres digna de amistad ni de amor? ¿No sería liberador? ¡Podrías operar abiertamente dentro del amor de Dios como hija suya y como una amiga a la que Jesús le abre sus brazos!

¿Puedes permitir que tu corazón repose en este nuevo conocimiento? ¿Puedes sentirte amada, valorada, celebrada, querida porque Jesús abre su corazón y sus manos y te ofrece esto gratuitamente?

La identidad nos ayuda a saber quiénes somos, tanto interior como exteriormente. Sin embargo, puede convertirse en una fuente de negatividad y dolor. Amar a Dios, pero no aceptar su aprecio y deseo de una amistad entrañable contigo, puede ser una barrera para una relación íntima con Él y puede hacer que confundas tu identidad. Usa las siguientes preguntas para profundizar en tus pensamientos y sentimientos en torno a tu identidad y a cómo puedes empezar a realinear tus percepciones con la verdad de Dios sobre quién eres.

Escribe una lista de tus roles actuales sin asignarles ningún calificativo (bueno, malo, etc.).

____

____

Ahora, escribe lo que te dices a ti misma con más frecuencia sobre tu identidad (utilizando calificativos). ¿Qué calificativos negativos aparecen? ¿Qué calificativos neutros o positivos aparecen? Teniendo en cuenta lo que has leído, ¿cómo puedes empezar a cuestionar los calificativos negativos?

____

____

Plantéate que Dios te ha hecho para algo más que lo que otros, tú misma o tus errores te han dicho. ¿Cómo cambia esto tu identidad?

____

____

¿Qué valora Dios de ti como un tesoro? ¿Cómo cambiaría la manera en que te describes y te relacionas contigo misma si actúas desde este lugar de ser querida, amada y altamente valorada? ¿Cómo te ayudaría esta seguridad en tu identidad a amar a los demás?

___

___

CITAS BÍBLICAS

Mas a cuantos lo recibieron, a los que creen en su nombre, les dio el derecho de ser hijos de Dios.

— Juan 1.12

El Señor tu Dios está en medio de ti como guerrero victorioso.
Se deleitará en ti con gozo, te renovará con su amor, se alegrará por ti con cantos.

— Sofonías 3.17

Ya no los llamo siervos, porque el siervo no está al tanto de lo que hace su amo; los he llamado amigos, porque todo lo que a mi Padre le oí decir se lo he dado a conocer a ustedes.

— Juan 15.15

Dios mío, cuánta confusión sobre mi identidad me trae lo que me digo a mí misma y lo que me dicen otros. Algunos días es positivo, y muchos otros días es negativo, pues se ven claramente mis faltas y fracasos. Ayúdame a ver y rechazar estas viejas formas de identificarme que no te honran y son destructivas para mi forma de pensar y sentir sobre mí misma. Dios, tú dijiste que soy más que mis faltas y fracasos, y que tu amor es eterno. Ayúdame a saber que mi identidad está firmemente arraigada en ese amor y gracia. Gracias porque puedo descansar sabiendo que Tú me dices quién soy. Mi identidad está arraigada en la verdad. Sé que me tienes como un tesoro y te gusto porque Tú lo dices.

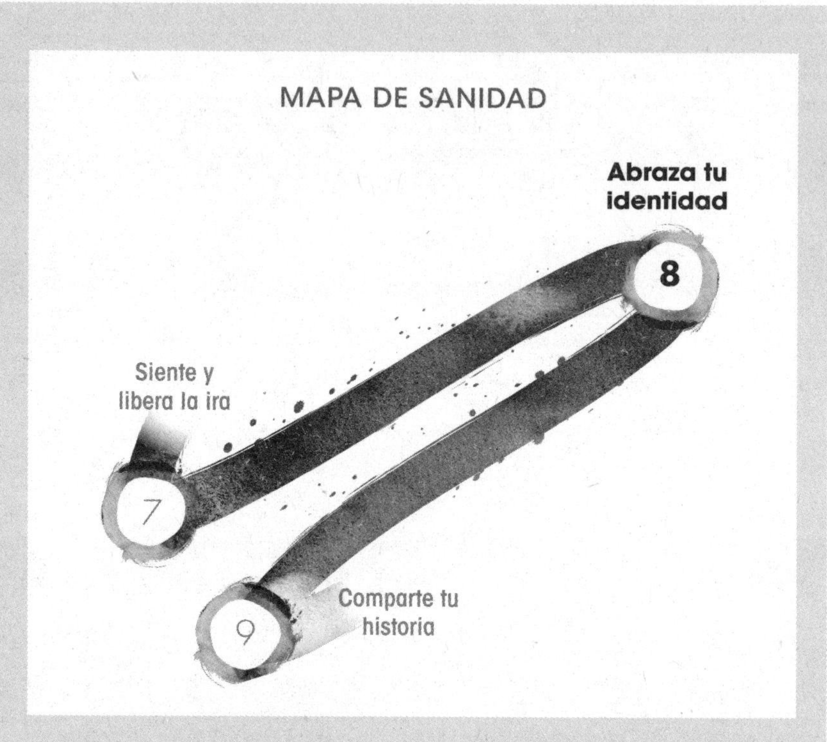
MAPA DE SANIDAD
Abraza tu identidad
8
Siente y libera la ira
7
9
Comparte tu historia

Capítulo 9

DESNUDA EN LA CALLE

La conversación daba miedo. Sobre todo al principio. Me sentí expuesta. El corazón me iba a mil por hora. Apreté el brazo de mi marido y me aferré con todas mis fuerzas. No podía soltarme. No podía hablar. Y no podía mirarle. Así que, con los ojos cerrados, simplemente aguanté e intenté recuperar el aliento.

Mi corazón vivía un conflicto. Por un lado, quería contárselo todo. Pero también tenía miedo. Lo amo desde hace más de treinta años. Es digno de confianza. Pero esto era simplemente territorio nuevo para mí. Para mi corazón. Por irracional que parezca, temía su reacción. Temía su rechazo.

Las palabras no salían con facilidad, pero las lágrimas sí. Después de varios minutos, di el primer paso incómodo. Le conté a Mike lo decepcionada y dolida que me sentía en mi infancia.

Él sabía que tuve una relación tensa con mi padre. Sabía que no me gustaba mi padrastro. Pero no conocía las heridas que he estado arrastrando ni los mensajes que me he estado diciendo a mí misma por años. Él no sabía que yo no me gustaba a mí misma. Ni que mi mente y mis emociones habían estado en conflicto. Nunca había compartido nada de eso con él. Hasta hoy.

Cuanto más compartía, menos temor sentía. Fue un primer paso para fomentar una intimidad y una confianza más profundas. Dos cosas que deseo…, pero también temo.

Michelle llamaba a esto una «conversación vulnerable». Decía que es una parte importante de mi viaje de sanidad y también necesaria para fomentar relaciones más íntimas y de confianza con mis seres queridos.

Dios, por favor, dame valor. Esto es muy duro. Y bueno.

– Sandi

Recuerdo estar sentada en el despacho de Michelle cuando introdujo por primera vez la idea de las conversaciones vulnerables. El concepto era sencillo. Compartir algunas de mis heridas pasadas y el camino de sanidad con mis seres más cercanos. Ser más abierta y honesta con mis sentimientos. Era una parte importante del proceso de sanidad a viva voz. Creo que me dijo lo beneficioso que sería para mi corazón. Cómo ayudaría a la congruencia en mi mente, mi corazón y mis relaciones. Cómo fomentaría la confianza, que para mí era una lucha a largo plazo. Me dijo que era el siguiente paso en el viaje de la sanidad.

Y luego dijo: «Creo que estás lista».

Tenía sentido. Entendía perfectamente el porqué. Pero las palabras que salieron de mi boca fueron: «Michelle, es como si me pidieras que me desnudara y cruzara la calle. No creo que esté preparada para eso».

Las dos nos reímos. Pero el sentimiento era sincero. Sentí como si me pidieran que permitiera que alguien viera todo de mí. Completamente expuesta. No podía imaginar una situación más vulnerable, excepto la de estar completamente desnuda y salir a una calle concurrida. En mi mente, estos dos escenarios parecían iguales. Me aterraba la idea de abrirme y compartir mis sentimientos y mi pasado, incluso con mi esposo. Me parecía aterrador y arriesgado. Había aprendido que la vulnerabilidad siempre acababa en dolor o rechazo.

Ella no se daba cuenta, pero Michelle estaba intentando reventar mi burbuja. A menudo he pensado que vivo en una burbuja transparente. Todo el mundo puede verme. Oírme. Pero nadie puede tocarme. Yo estoy en el interior de la burbuja, y ellos se mantienen a salvo en el exterior. Soy intocable.

Es como esconderse a plena vista. Pero nadie sabe realmente que te escondes. Creen que te conocen. Y, hasta cierto punto, es así. Pero siempre hay una capa de protección por medio. Si no pueden tocarte, no pueden hacerte daño: así funciona la vida en la burbuja transparente. Así es como he vivido. Cómo me gustaba. Y cómo lo detestaba. Me gustaba la protección o seguridad que daba la burbuja. Pero también reconocía la soledad que producía. Sabía que me estaba perdiendo la riqueza de las relaciones.

Pero la vulnerabilidad... Ese es otro juego. Para mí, vulnerabilidad significa romper la burbuja. Eliminar la barrera y la distancia. Dejar a alguien entrar. Acercarse. Tocarme. Conocerme íntimamente. Tendría que confiar plenamente en ellos. Y eso daba miedo. Para mí, nadie me parecía emocionalmente seguro. No era que fueran inseguros. Era que yo no tenía la confianza o la seguridad para ser completamente honesta emocionalmente. Luchaba con la confianza y la vulnerabilidad.

No estaba completamente aislada de mi familia y mis amigos. Me conocían bastante bien. Teníamos relaciones significativas. Pero en mi corazón, estaba reteniendo cosas. No estaba dispuesta a ser cien por ciento vulnerable a la hora de dar o recibir en las relaciones. Temía que alguien descubriera que yo no era tan buena como pensaban. No quería que me vieran como alguien dañado. Temía que me conocieran. Temía ser rechazada. Me escondía emocionalmente. Y eso contribuía a tener más vergüenza. Ese era el ciclo. Enjabonar. Aclarar. Repetir.

Hasta que empecé a reconocerlo como lo que era y elegí un camino diferente. Y crucé la calle.

Michelle y yo hablamos mucho sobre la vulnerabilidad y el deseo de ser sincera y de confiar en las personas más cercanas a mí. Le dije que quería romper el ciclo de la vergüenza. Tenía muchas ganas de que me conocieran. Deseaba más apertura e intimidad en mis relaciones, pero no sabía cómo ni por dónde empezar.

Michelle me pidió que hiciera una lista de mis motivaciones internas para la vulnerabilidad. Estas eran mis razones para querer conversaciones y relaciones más vulnerables:

- ***Dios nos creó para la intimidad.*** Con Él mismo y con los demás. Desde el principio de los tiempos, Él ha estado construyendo y restaurando relaciones con las personas y entre ellas. Él creó la idea de relación e intimidad. Si tengo un problema de intimidad (que lo tengo), entonces afectará cada relación que tengo; con Dios y con todos en mi vida. Su deseo para mi vida y mis relaciones incluye la intimidad. Yo quiero el buen plan de Dios para mi vida en toda su extensión.

- ***Quiero ser plenamente conocida y plenamente amada/ aceptada.*** No quiero que el rechazo o las heridas del pasado me definan. Ni que sean la totalidad de lo que siento. Si no soy plenamente conocida, nunca seré plenamente aceptada. Eso alimentará la incongruencia que he estado viviendo. La vulnerabilidad es un paso hacia la libertad.
- ***Es vivificante.*** Para mí y para los demás. Creo que la vulnerabilidad dará paso a relaciones más satisfactorias en las que me podré volcar y de las que podré sacar provecho. Merece la pena invertir en las personas más cercanas a mí. Se lo merecen. Yo también.
- ***No estoy dañada ni soy mala, así que no pasa nada si los demás llegan a conocerme.*** No hay necesidad de esconderse. Tengo menos miedo al rechazo y al juicio porque escucho más a la verdad que a la vergüenza. El miedo ya no definirá mis relaciones. Confiaré en la verdad de quiénes son ellos y quién soy yo.
- ***Fomenta la confianza.*** Deseo crecer en mi capacidad de confiar. No quiero sabotear mis relaciones ni privar a ninguno de nosotros en esas relaciones individuales de la plenitud de ser conocidos y de confiar en nosotros.

Ahora tenía mi lista en la mano. Pero eso no significaba que estuviera milagrosamente preparada para aceptar la vulnerabilidad. ¿Por qué? Porque la vulnerabilidad es dura. Me habían herido. Y para alguien a quien han lastimado, las situaciones vulnerables pueden provocar sentimientos de angustia. Abrirme y ser vulnerable desencadenaba todo tipo de emociones y miedos. Me sentía insegura. Como si el dolor y el rechazo estuvieran a la vuelta de la esquina. Era como si mi corazón tuviera memoria fotográfica y recordara perfectamente todas las veces que lo habían herido o roto. Y con cada invitación a ser vulnerable llegaba una alarma interna: *¡Atención! ¡Peligro! ¡Retirada a la burbuja!*

No quería que me volvieran a romper el corazón.

No quería que otra persona viera las roturas de mi corazón que había mantenido ocultas.

No quería ser rechazada.

Las conversaciones vulnerables requieren que des algo. Una parte de ti misma. Puede ser un trozo de tu historia. Un recuerdo. Un pensamiento o deseo privado. Un miedo. Un sueño. Algo que ha estado bien resguardado.

Me había estado escondiendo por décadas. Pero ahora iba a tener que abrirme y depositar mi confianza en alguien y elegir compartir mis piezas ocultas. ¿Quién estaría dispuesto a ponerse en una situación así? ¿Quién querría hacerlo?

Resultó que yo estaba dispuesta. Fue aterrador. Doloroso. Agotador. Pero sabía que era necesario. Y que valía la pena.

Y así fue. Cuando cruzas la calle, ves las cosas desde una nueva perspectiva. La obra que Dios terminó haciendo en mi corazón y en mis relaciones me dio vida. También reveló que yo no era la única afectada por mi decisión de vivir en mi burbuja emocional por años. Había afectado todas las relaciones, especialmente mi matrimonio.

Habría sido fácil justificar y defender mi comportamiento autoprotector. A veces, estoy segura de que lo hice y aún lo hago. Pero reconocer, asumir y cambiar forma parte del proceso de sanidad. El perdón también. Recuerdo haber hablado muchas veces con Michelle sobre el perdón en diversos contextos. Perdonar a las personas que me habían hecho daño. Perdonar tanto si alguien me lo pedía como si no. Perdonarme a mí misma.

Pero esta vez me di cuenta de que tenía que pedirle perdón a mi marido. No estoy segura de que él hubiera percibido que yo me había distanciado emocionalmente en nuestra relación. Pero yo lo sabía. Y sabía que no era bueno ni justo para su corazón. Y sabía que teníamos que hablar de ello. Otra conversación vulnerable. Él no lo sugirió ni lo exigió. Pero valoro sus sentimientos. Y fue bueno para mi corazón y mi alma cruzar esta calle. Para pedirle perdón.

Recapitulé nuestra conversación en mi diario:

Te he amado por más de treinta años con un amor fiel, resistente y comprometido. Pero también, en diversos grados, he retenido cosas y me he guardado emocionalmente de ti. No siempre he sido consciente de ello ni he intentado herirte intencionadamente. Pero he dañado nuestra relación y nuestra intimidad.

Me he aferrado a la mentalidad de «tengo que hacerlo sola». Pienso sola. Proceso sola. Siento sola. Sufro yo sola. Me he cerrado emocionalmente y te he dejado fuera. Te pido perdón. ¿Me perdonas?

No quiero seguir viviendo así. Así no te honra a ti, ni a nuestro matrimonio, ni a Dios. Y es una forma solitaria de vivir. Quiero invitarte a mis pensamientos, mis emociones, mi dolor y mi alegría. Quiero compartirme contigo completamente.

Mi marido respondió con mucha ternura y amabilidad. Dijo varias cosas que fueron muy afirmativas y significativas. Dijo que cree que mi corazón siempre ha estado disponible y accesible para darle amor a él, a nuestros hijos, a las personas que sufren, etcétera. Pero cree que me cuesta hacer que mi corazón esté disponible y accesible para recibir amor. Dice que cree que levanto muros para protegerme porque ya me han lastimado antes, y lo entiende. Y afirmó lo mucho que él y nuestros hijos me aman. Dijo que ve que mis muros están cayendo.

Qué regalo. Él me conoce. Y me ama.

Hablando de sentimientos. Estas conversaciones vulnerables abarcan toda la gama de emociones. Temor. Duda. Valentía. Humildad. Rendición. Anticipación. Aceptación. Alivio. Puro gozo.

Tras varias conversaciones vulnerables con mi marido, también crucé la calle con mis hijos, mi madre y un par de mis mejores amigos. Al recordar cada uno de esos encuentros, me di cuenta de algunas cosas:

- ***El miedo es un mentiroso.*** El miedo que sentí antes y durante cada una de las conversaciones que mantuve era muy real. Pero no tenía sus raíces en la verdad. La vergüenza había magnificado el miedo hasta tal punto que parecía creíble e inevitable.
- ***Merece la pena reventar la burbuja.*** Reventar la burbuja me cambió la vida. Abrió la puerta a conver-

saciones aún más vulnerables y sinceras. Desnudar tu alma con alguien en quien confías y recibir a cambio amor, comprensión y aceptación es algo que te llena de vida.

- ***Era yo, no ellos.*** Fui amada antes, durante y después de cada conversación. Me di cuenta de que ya me amaban completamente. Era yo quien se contenía.
- ***Cada vez es más fácil cruzar la calle.*** No me di cuenta de que la práctica era necesaria para ser vulnerable. Pero lo era. Y cada vez era menor el miedo. Con cada conversación llegaba también el conocimiento experimental de que hay personas que desean conocerte tanto como tú deseas ser conocida.
- ***Valió la pena el riesgo y el coste.*** En mis relaciones más íntimas hay una facilidad y una libertad que antes no existían. Ya no temo compartir mis sentimientos o ser rechazada. En pocas palabras, Dios utilizó estas conversaciones vulnerables de manera poderosa con las personas que más amo. Me permitió acercarme emocionalmente a las personas adecuadas, no alejarme de ellas. Qué regalo. Para todos los involucrados.

Una conversación vulnerable, como he descubierto, es un regalo valiente que das y recibes a la vez. Las palabras que compartes son una mirada a tu alma, que es un regalo para cualquiera que te ame. Las palabras de afirmación que te devuelven son una ofrenda inesperada a tu alma. Y todo empieza cuando dices la primera palabra a viva voz.

DESEMPACAMOS EL PROCESO CON LA DRA. MICHELLE

Abrir la válvula

Al principio, a Sandi le costó entender que ser vulnerable era un paso valiente. Lo califiqué de valentía porque era emocionalmente arriesgado y se necesitaba una gran dosis de fuerza para seguir adelante y contárselo a otra persona. La catedrática y autora de superventas del *New York Times* Brené Brown lo describe bien: «La vulnerabilidad suena a verdad y se siente como valentía».

¿Sientes esa pequeña molestia interna (o el gran impulso) de huir de la vulnerabilidad? Intenta no dejar este libro y marcharte. Sentir y responder así puede ser un instinto de supervivencia razonable. Pero antes de que tomes una decisión, ¿podemos ver qué hay detrás de esa necesidad de retirarse? ¿Volver a los viejos y seguros patrones?

Antes de estar lista para la sanidad total, puede que te des cuenta de que te aferras a patrones de autoprotección. En el fondo, anhelamos ser vistas, validadas y amadas. Pero los menosprecios, las heridas, los traumas y el rechazo enturbian el agua de las emociones. Después de esas experiencias, el deseo de que nos conozcan entra en conflicto con el miedo real a que nos vuelvan a herir o a rechazar. Así que, en lugar de permitir que las personas nos conozcan plenamente, podemos limitar el acceso a nuestro corazón, lo que, en teoría, aumenta la probabilidad de ser aceptados y limita el rechazo. Este es el patrón de la autoprotección.

Este patrón de protección puede manifestarse de distintas maneras en tu caso. Considera cuál de ellas te toca el corazón:

- ***Preocuparse por los sentimientos de los demás más que por los propios.*** A primera vista, esto parece honorable e incluso propio de Cristo. Pero el problema es que este escenario no honra a todos los involucrados. No es propio de Cristo devaluar los sentimientos de nadie, tampoco los propios. Sandi no sabía cómo honrar y compartir sus sentimientos sin herir y proteger a otra persona. Surgió un patrón de sufrimiento en silencio. Con buenas intenciones, pero sin honestidad para todos los implicados. Es posible que hayas aprendido a retener y ocultar sentimientos y emociones muy arraigados y, en algún momento, a no darles importancia. Quieres proteger el corazón de los demás, pero no te ocupas del tuyo.
- ***Protegerse del rechazo cerrando el acceso al corazón.*** Cuando nos han herido, no queremos volver a encontrarnos en situaciones vulnerables. Puede que nos sintamos más seguras guardándonos nuestros sentimientos, deseos, miedos y emociones para que no nos «descubran» como alguien malo o necesitado. Este es un instinto humano natural de supervivencia, pero rompe la conexión humana que Dios tanto aprecia.

- ***Sentir que aún tienes el control.*** Trabajo todo el tiempo con mujeres que sienten ansiedad cuando el mundo parece estar fuera de control. (Yo también me siento así muchos días). Estamos acostumbradas a llevar la agenda familiar, a hacer multitarea en el trabajo y a ayudar en las vidas de los que nos rodean. El control nos ayuda a sentirnos seguras. Pero también puede ser un patrón de autoprotección, para nuestro mal. También es posible que quieras controlar cómo reaccionan las personas ante ti, sobre todo cuando empiezas a compartir las cosas más profundas y oscuras que has cargado por tanto tiempo. Irónicamente, es renunciando a ese control como encontrarás la libertad y la gracia en las relaciones.
- ***Evitar el dolor.*** Los seres humanos estamos hechos para evitar el dolor. Si te golpeas contra el borde del mostrador y te haces un moratón en la cadera, seguro que lo evitarás en el futuro. En el caso de Sandi, sus primeras experiencias con las relaciones dieron lugar a la evitación del dolor, que luego se convirtió en evitación de la vulnerabilidad. En las relaciones, podemos describir el dolor de diversas maneras: rechazo, decepción, vergüenza. ¿Te conformas con transacciones relacionales en lugar de relaciones profundas y significativas porque crees que puedes evitar el posible dolor?

Cuando contamos nuestra verdadera historia a otro, no estamos cediendo a las mentiras de que nuestra historia es bochornosa, vergonzosa e indigna de ser contada. Nos estamos rebelando contra el mensaje que envía la vergüenza de «siéntate y cállate». En cierto sentido, estamos redirigiendo esa instrucción al dolor y a la vergüenza y diciéndoles «¡cállate de una vez!». La vergüenza ya nos ha quitado bastante. La vergüenza nos dirá que es posible evitar el dolor. Eso es una falacia. Si has trabajado duro para restablecer tu relación contigo misma y tu identidad en Dios (recuerda que ya eres amada, apreciada y querida), puedes empezar a enfrentarte a esta mentira. Hace falta valor para levantarse, encontrar las piernas y cruzar la calle. Para escenificar tu rebelión silenciosa contra la vergüenza. Pero con Dios puedes soportar contar tu historia porque ya no tienes tanto miedo al dolor y al rechazo.

Frederick Buechner, prolífico autor y teólogo, lo explica perfectamente en su libro *Telling Secrets*:

> *He llegado a creer que, en general, toda la familia humana tiene los mismos secretos, que son muy reveladores e importantes de contar. Son reveladores en el sentido de que revelan lo que quizá sea la paradoja central de nuestra condición: que lo que más ansiamos quizá sea ser conocidos en toda nuestra humanidad y, sin embargo, eso es precisamente lo que más tememos. Es importante contar, al menos de vez en cuando, el secreto de quiénes somos verdadera y plenamente, aunque solo nos lo contemos a nosotros mismos, porque, de lo contrario, corremos el riesgo de perder la pista de quiénes somos verdadera y plenamente y, poco a poco, llegar a aceptar*

en su lugar la versión altamente editada que presentamos con la esperanza de que el mundo la encuentre más aceptable que las cosas reales. También es importante contar nuestros secretos, porque así es más fácil ver dónde hemos estado en nuestra vida y hacia dónde vamos. También facilita que otros nos cuenten uno o dos secretos suyos, y este tipo de intercambios tienen mucho que ver con lo que significa ser una familia y ser humanos.

Por último, sospecho que, al entrar en ese lugar profundo de nuestro interior donde se guardan nuestros secretos, nos acercamos más que en ningún otro sitio a Aquel que, nos demos cuenta o no, es, entre todos nuestros secretos, el más revelador y el más precioso que tenemos que contar.

Cuando te abres e incluyes a otra persona en tu historia, dejas de ser la guardiana del secreto. Ya no escondes partes de ti en la oscuridad. Sin embargo, debes saber que eso no significa que debas abrir todas las cortinas para que entre la luz. Abrir las cortinas de golpe puede dejarte cegada, confusa y buscando de nuevo la seguridad en la oscuridad. Hay que ir poco a poco. Con cuidado. Sandi y yo tomamos medidas para asegurarnos de que no quedara cegada. Nos aseguramos de que no cruzara la calle sin mirar primero a ambos lados. Primero la seguridad y luego la vulnerabilidad.

Cuando te plantees contar tu historia a otra persona, debes tener en cuenta algunas cosas:

- ***Ora, ora, ora.*** Pide al Espíritu Santo que te guíe en este momento tan vulnerable. Si necesitas repasar algunos de los capítulos de este libro antes de cruzar la calle, hazlo. Este paso valiente necesita la mano y la ayuda de Dios.

- ***Identifica a la persona (o personas) de confianza con la que piensas hablar.*** Estas personas tienen un historial de amarte como es debido. Son empáticas. Se han ganado tu confianza. Puede que ya conozcan parte de tu historia. Pero el asunto es que alguien tiene que dar el primer paso hacia la calle. Esa eres tú, sobre todo después de leer este libro y de haber estado trabajando en tu propia y deseable sanidad.
- ***Hazlo a tu ritmo.*** Muy pocas de nosotras no sufriríamos un tirón muscular si intentáramos hace un esprint ahora, después de muchos años sin hacerlo. Sin embargo, quizá podamos recorrer una distancia mayor si trotamos primero y calentamos los músculos de la relación. Llevará tiempo. Y no pasa nada. La vulnerabilidad y la confianza no se construyeron en un día.
- ***Realiza un lento experimento de vulnerabilidad.*** Observa lo que ocurre cuando expones parte de ti misma. Observa cómo los demás te lo devuelven con amor y cariño.

He aquí una pequeña forma de empezar que yo misma he usado y he animado a otras a usar: la próxima vez que alguien te pregunte cómo estás, responde con sinceridad (con toda la que puedas). Estamos cien por cien condicionadas a responder con un «bien» automático. Ahora bien, a veces eso es completamente cierto. A veces incluso podemos decir sinceramente: «¡Genial!» porque hemos descubierto que nos quedan bien los *jeans* del año pasado o nuestros hijos han recibido un buen premio o acabamos de recibir la respuesta a una oración.

Pero ¿y las otras veces, las veces en que no conseguimos el trabajo de nuestros sueños; cuando parece que Dios no se presentó en nuestra oración contra una enfermedad; cuando sorprendieron a nuestro hijo robando en una tienda? En esos momentos difíciles, cuando una amiga o un compañero de trabajo nos pregunta: «¿Cómo estás?» y la vida es simplemente lamentable, ¿por qué no responder con sinceridad? Porque asumimos, en nuestra autoprotección, que no quieren oír lo que tenemos que decir. Y automáticamente cerramos la válvula de paso a la vulnerabilidad.

La próxima vez, contesta su pregunta y que sepan cómo te va.

Hace un tiempo, mi pastor me preguntó cómo me iba. Respuesta instintiva: «¡Bien! ¡Genial! ¡De fábula!», a pesar de que una pequeña parte de mi mundo acababa de derrumbarse y estaba en llamas ante mis ojos. No quería robarle tiempo de su ajetreado día ni ser una quejica ni, sinceramente, sentirme aún más vulnerable en ese momento. La vergüenza me susurró que no estaba realmente interesado en nada que no fuera una respuesta positiva. La vergüenza me susurró que no merecía la pena explicárselo.

Resistí la tentación de proteger mis sentimientos (y ceder a la vergüenza) y respondí: «En realidad, estoy muy desanimada».

Lo que recibí tras mi respuesta, sin necesidad siquiera de preguntar, fue consuelo y empatía, y un momento en el que me sentí realmente atendida. Mi pastor reconoció mis sentimientos y me ofreció algunas palabras de consuelo. Dejó a un lado lo que tenía entre manos y se limitó a escuchar. Y luego seguimos cada uno con su día. El lugar de la catástrofe seguía ahí, pero las llamas se habían extinguido lo suficiente para poder manejarlas.

Prueba con una respuesta sincera y verás lo que recibes a cambio. No se puede ejercitar el músculo de la vulnerabilidad sin estirarlo antes. Esto es lo que dice Eclesiastés 4.9-10 sobre las relaciones cuando trabajamos juntos (también en el duro trabajo de la sanidad): «Más valen dos que uno, porque obtienen más fruto de su esfuerzo. Si caen, el uno levanta al otro. ¡Ay del que cae y no tiene quien lo levante!». Por el contrario, en los versículos inmediatamente anteriores, el autor de Eclesiastés describe a una persona que, desprovista de compañía, se amarga, se aísla, se desanima y se disgusta. ¡Vaya! Tú no quieres eso, ¿no es cierto?

Un proceso de sanidad a viva voz es complicado. Es un reto para el corazón y la mente. Sin embargo, como en este versículo, nuestro momento más vulnerable de caída puede cosechar un «buen resultado» cuando permitimos que alguien a nuestro lado nos ayude a levantarnos. El buen resultado, como Sandi experimentó, puede ser la profundización de una relación y, dentro de esa relación, movernos con más facilidad y libertad para ser lo que Dios nos llama a ser. Después de todo, una de las características que definen a Dios es su deseo de ser relacional, en y entre nosotros. No quiere que estemos aislados, con muros de secretismo construidos a nuestro alrededor. Dios desea que veamos y sintamos su presencia en nuestras relaciones con Él. Podemos ser más valientes en nuestra vulnerabilidad porque sabemos que Dios está con nosotros, siempre.

¡Qué paso te hemos pedido que des! Que veas la presencia de Dios en lugares donde antes no la habías visto. Reconocer que su presencia puede darte ánimo. Permitir que este ánimo te lleve a ser vulnerable en tus relaciones. Mientras reflexionas sobre el siguiente paso para ti, considera estas reflexiones en tu camino hacia la sanidad, ¡y tal vez incluso hacia el otro lado de la calle!

¿Qué significa para ti «desnudarte y cruzar la calle»?

____

____

Identifica a una o dos personas de confianza con las que compartir la historia en la que tanto has trabajado durante este libro. ¿Cómo puedes dirigirte a ellas? ¿Cómo crees que responderán?

____

____

Cuando la vergüenza intenta cerrar la válvula de la vulnerabilidad, ¿cómo puedes ser valiente y compartirlo de todos modos? ¿Cómo te hace más valiente la presencia de Dios?

____

____

CITAS BÍBLICAS

El Señor está conmigo, y no tengo miedo; ¿qué me puede hacer un simple mortal?

— Salmos 118.6

Mi intercesor es mi amigo, y ante él me deshago en lágrimas

para que interceda ante Dios en favor mío, como quien apela por su amigo.

— Job 16.20-21

Restaura a los de corazón quebrantado y cubre con vendas sus heridas.

— Salmos 147.3

Todo tiene su momento oportuno; hay un tiempo para todo lo que se hace bajo el cielo: un tiempo para nacer, y un tiempo para morir; un tiempo para plantar, y un tiempo para cosechar; un tiempo para matar, y un tiempo para sanar; un tiempo para destruir, y un tiempo para construir; un tiempo para llorar, y un tiempo para reír; un tiempo para estar de luto, y un tiempo para saltar de gusto; un tiempo para esparcir piedras, y un tiempo para recogerlas; un tiempo para

abrazarse, y un tiempo para despedirse; un
tiempo para intentar, y un tiempo para desistir; un
tiempo para guardar, y un tiempo para desechar;
un tiempo para rasgar, y un tiempo para coser;
un tiempo para callar, y un tiempo para hablar;
un tiempo para amar, y un tiempo para odiar; un
tiempo para la guerra, y un tiempo para la paz.

—Eclesiastés 3.1-8

Dios, a menudo no me siento valiente, sobre todo a la hora de ser vulnerable. Tú has visto cómo me lastimaron en el pasado, y este dolor se siente muy fuerte a veces. Veo que el dolor, la desconfianza, el rechazo, solo han servido para poner una barrera entre los demás y yo. Sin embargo, Dios, Tú deseas que estemos en profunda relación unos con otros y contigo. Tú dices que la sanidad se puede dar gracias a ti, a través de otros. Muéstrame cómo es posible. Te pido que me muestres cómo cruzar la calle. Acompáñame mientras doy este paso.

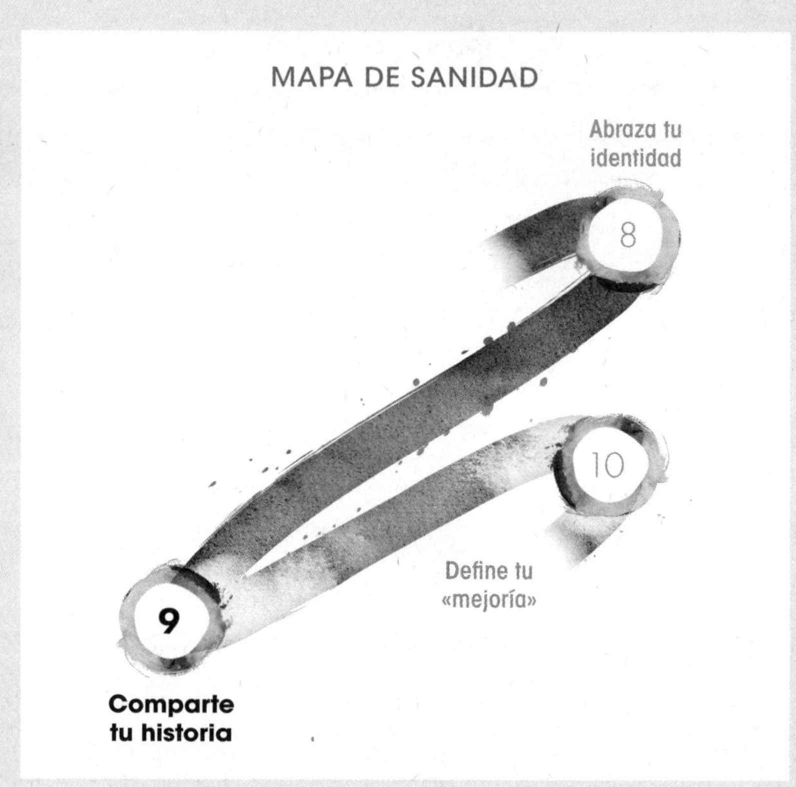
MAPA DE SANIDAD
Abraza tu identidad
8
9
10
Define tu «mejoría»
Comparte tu historia

Capítulo 10

MENOS REACCIÓN DE ASCO

Hoy hemos hablado de mejorar en la terapia. Le he dicho a Michelle que algunos días me siento mejor. Otros días, sigo luchando con pensamientos negativos. Le pregunté cómo sabría si estaba mejorando. Michelle me dijo: «Mejorar no es la ausencia de sensación de "asco". Es saber cómo navegar a través de pensamientos y sentimientos conflictivos con sinceridad». Eso me hizo sentir... ¡mejor!

– Sandi

Sé que el «asco» se da. (He visto las calcomanías en los parachoques). Pero me di cuenta de que estaba reconociendo y afrontando más rápidamente los pensamientos de autocondena. Mantenía conversaciones más sinceras conmigo misma y con los demás. El peso de la tristeza y el duelo se estaba desvaneciendo. Y un par de amigos (sin preguntarles) me dijeron que parecía más alegre. Todos signos de mejoría.

Lo curioso es que tanto Michelle como Mike utilizaron la palabra *asco* al hablar de mi mejoría. Mike dijo que mi viaje se parecía a cuando destapamos y preparamos nuestra piscina cada verano. «Estás trabajando duro para encontrar el equilibrio, Sandi. Te has enfrentado a toda la porquería que estaba oculta hasta que se quitó la cubierta. Ahora veo que cada día tienes las cosas más claras y ves que es seguro invitar a las personas a entrar. Estamos todos juntos en la piscina y te estás convirtiendo en lo que debes ser». Nunca imaginé que compararme con reabrir nuestra piscina llena de algas me haría sentir tan bien. Cuando tu marido y tu consejera dicen que hay menos reacción de asco en tu vida, ¡creo que estás mejorando!

En mi caso, sentí que había bajado el volumen de los mensajes vergonzosos del pasado. Me inclinaba hacia la verdad y la escuchaba con más frecuencia, lo que me llevaba a mantener conversaciones más honestas y compasivas conmigo misma y con los demás. Y cada vez estaba más convencida de que estaba bien. Conmigo misma. Me sentía más contenta y en paz por dentro.

Me moría de ganas de preguntarle a Michelle si ella también veía indicios continuos de progreso. Debería haberme dado cuenta de que no debía hacerle una pregunta así a una terapeuta. Me respondió: «¿Qué cambios ves, Sandi? Por cierto, me gusta tu maquillaje. No te lo había visto antes. ¿Es nuevo?».

Tuve que reírme de su habilidad para esquivar mi pregunta, pero aun así la contestó. No me había maquillado en ninguna de nuestras sesiones de consejería del último año. De hecho, cuando entré por primera vez en la consulta de Michelle, tenía cincuenta y dos años y solo me había maquillado un puñado de veces en mi vida. No tenía maquillaje. No sabía cómo aplicármelo. No tenía ningún problema con quienes se maquillan. Pero no me atrevía a usarlo.

Durante la terapia, descubrimos que las razones por las que no me maquillaba no tenían nada que ver con el maquillaje en sí. Por el contrario, mi reticencia tenía su origen en dos pensamientos subconscientes de vergüenza: (1) no era linda y (2) no quería hacer nada que pudiera atraer la atención equivocada. En otras palabras, autoinculpación por abusos del pasado.

Así que el día que entré en el departamento de cosméticos de Dillard's, me senté en una silla (sudando a mares) y le pedí a la joven que me ayudara, fue todo un acontecimiento. Aquello tenía muy poco que ver con el maquillaje y todo que ver con mejorar y saborear la libertad. También me costó un ojo de la cara porque compré todos los productos con los que trabajaba la joven. ¿Por qué? Pues porque lo necesitaba todo: no tenía maquillaje en casa. Y porque cuando me miré en el espejo que me puso delante, me gustó el aspecto de mis ojos.

Cuando compartí esa historia con Michelle, me dijo: «Es la primera vez que te oigo decir que te gusta algo de ti misma, Sandi. Es un gran comienzo».

Evidencia de mejoría.

Por aquel entonces, estaba en la iglesia (maquillada) y nuestro pastor compartió el pasaje que explica la armadura de Dios (ver Efesios 6.10-18). No recuerdo las palabras exactas, pero sé lo que oí: *¿Y si la vida es siempre un poco confusa y es una batalla? Lo es. Así que tenemos que estar preparados para* *la batalla*. Eso me tocó: ¿y si algunas de las batallas a las que nos enfrentamos en la vida están «ahí fuera», fuera de nuestro control? ¿Y si algunas están dentro de nosotros? Por primera vez, me di cuenta de que mi mente era un campo de batalla. Y no quería entregar mi vida mental al enemigo. No quería seguir creyendo en sus mentiras. Y no quería permitirle que me robara más libertad. Ese sermón fue el recordatorio perfecto y oportuno de que este viaje mío no era una cura para el asco, sino más bien un equipamiento para la batalla.

La invitación a unirme a la lucha me llenó de energía. Recordé la pregunta de Michelle (en el capítulo cuatro): «*¿Cómo sería para ti luchar hoy por ti?*». Entonces no tenía respuesta. Pero ahora sí. Me vería a mí misma como alguien por quien merece la pena luchar. Y utilizaría todas las armas a mi alcance para la batalla. La primera pieza de la armadura que se menciona en Efesios es el cinturón de la verdad. La verdad de quién es Dios y quiénes somos nosotros: armas poderosas para la batalla. Y valía la pena luchar por lo mejor.

Cuando compartí este momento con Michelle, sonrió. «Sandi, ¿no lo ves? Ahora no solo luchas por ti, sino que también te has dado cuenta de que no eres el enemigo. Ya no luchas contigo misma». Vi este renovado espíritu de lucha como una prueba más de mejoría.

Durante una de nuestras últimas sesiones de consejería, le pregunté a Michelle si alguna vez se había fijado en la cicatriz de mi dedo índice derecho. Hacía más de treinta años, estaba lavando los platos cuando introduje la mano derecha en un vaso. Un vaso de cristal. Se rompió, me cortó el dedo y seccionó un tendón. La cirugía reparó la lesión y me devolvió toda la movilidad al dedo. Ahora estoy mejor. Pero queda una cicatriz. La mayoría de los días no pienso en ella. La única vez que me viene a la mente es cuando me golpeo sin querer y siento la punzante molestia de los nervios dañados. Le dije a Michelle que mi dedo cicatrizado es más sensible que los otros. Está sanado. Ni recuerdo de la herida. Funciona bien. Mejor. Pero sigue hipersensible cuando se golpea.

Así es como me siento conmigo misma y con mi viaje. Veo indicios de sanidad, pero sigo siendo sensible a los golpes y al dolor. Más susceptible a reaccionar ante desencadenantes que a otra persona no le asustarían en absoluto. No es que me guste, pero así son mi dedo lesionado y mi corazón herido, pero en proceso de sanidad.

Compartí esto con Michelle porque, al reflexionar sobre las pruebas de las mejorías en mi vida, pensé en mis cicatrices. Algunas en el interior, otras en el exterior. Pero cada una es una prueba de la herida, de la sanidad y de las sensibilidades que quedan. Algunos días siento el escozor de la herida. Otros días no pienso en ello en absoluto. Y en los mejores días, doy gracias a Dios por las pruebas visibles de su sanidad en mi vida.

Mucho después de que terminara nuestra relación de consejería y comenzara nuestra amistad, Michelle y yo estábamos en una conversación desenfadada. Todo era normal y bueno. Hasta que dejó de serlo. No recuerdo todos los detalles, pero a medida que hablábamos, nos fuimos adentrando en aguas emocionales más profundas. Podía sentir que algo empezaba a surgir dentro de mí. Algunos viejos sentimientos se dispararon, y yo no sabía qué hacer con ellos. En lugar de intentar explicar qué sentía y con qué estaba luchando, arremetí contra Michelle y le dije: «No te pongas en plan consejera conmigo».

Nunca olvidaré la expresión de su cara. Una mezcla de compasión y confusión. No tenía ni idea de que yo tuviera problemas emocionales, hasta que dejé escapar algo de lo que me arrepentí inmediatamente.

Me sentí fatal, y estoy segura de que ella también. Ese mismo día, después de reflexionar sobre lo sucedido y de ordenar mis emociones, le pedí disculpas. Le dije a Michelle que sentía haber herido sus sentimientos. Le conté que, mientras hablábamos antes, me rondaban por la cabeza emociones contradictorias y que me había dejado llevar por ellas. Y en lugar de admitir que estaba luchando, la aparté con un golpe verbal. Un viejo hábito de autoprotección.

Aceptó amablemente las disculpas y sugirió una táctica para la próxima vez que esto pudiera ocurrir. Porque sabía que ocurriría. Me recomendó una palabra clave para cuando me sintiera atrapada en un tornado emocional. «¿Qué tal "enredada"?», me preguntó. Luego me sugirió que si alguna vez no podía o no estaba preparada para hablar de las emociones que me invadían, simplemente dijera la palabra clave. Sería fácil para mí y ella me daría tiempo y espacio para procesarlas.

Incluso en los días mejores, parecen surgir de la nada desencadenantes, y nunca parecen avisar con tiempo. No suena ninguna sirena ni alarma que anuncie el regreso de viejos pensamientos y sentimientos vergonzosos. En un instante, puedo pasar de la calma a la calamidad dentro de mi mente. Lo he experimentado, incluso después de terminar el viaje de consejería. Los desencadenantes aparecen. Se dan breves retrocesos. Michelle dijo que es una parte normal de la vida y del proceso de sanidad. Mientras Michelle y yo hablábamos sobre los desencadenantes y las estrategias en curso, se me ocurrió que cada vez que me encuentre con uno, debo tomar una decisión: ¿cedo o lidero? Para mí, la opción más fácil, pero también la más contraproducente, es inclinarme hacia la emoción activa y la vergüenza. Ceder a los pensamientos condenatorios. Un amigo mío llama a esto «darle la mano» a los pensamientos negativos. La imagen es poderosa: te susurran al oído un pensamiento condenatorio inesperado. Es hiriente y sabes que no es sincero ni bueno para ti. ¿Cedes y le das la mano?

No. No es tu amigo.

En cambio, estoy aprendiendo a reconocer el momento como lo que es. Una oportunidad para alejar mis pensamientos de la confusión. Intento entablar una conversación conmigo misma, a veces en voz alta, que gira en torno a la verdad: no estoy sola. Dios está conmigo. Él me aprecia como un tesoro.

He descubierto que es más fácil decirlo que hacerlo. Pero es más fácil cuanto más practico. Cuanto más dirijo. A veces lo hago bien. A veces no. Intento ser compasiva conmigo misma cuando cedo demasiado. Y celebrar las veces que elijo liderar. Me siento mejor.

DESEMPACAMOS EL PROCESO CON LA DRA. MICHELLE

Desactivar los desencadenantes y avanzar

Oigo esta pregunta a menudo: «Michelle, ¿cómo crees que me va hasta ahora?». Detrás de esta pregunta hay mucha esperanza, y con razón. «¿Estoy mejorando?» significa: «¡Por favor, dime que todo este duro trabajo no es en vano!». Es una pregunta gratificante y, a veces, difícil de responder, no porque no haya progresos, sino porque no es una respuesta de blanco o negro.

Durante mi formación como orientadora, una de mis clases incluía un proyecto de grupo. Teníamos que pensar en un nombre, y nos decidimos por «TEC», que significa «Trabajo En Curso». Era nuestra forma de reconocer que aún estábamos empezando a desarrollar las habilidades necesarias para ser buenos terapeutas. Éramos humildes y estábamos abiertos al aprendizaje, pues veíamos toda una vida por delante para comprender cómo ayudar a otros seres humanos a mejorar sus vidas. También queríamos asegurarnos de que nuestro trabajo —la primera letra del nombre— también estuviera incluido. Nuestro trabajo necesitaba reconocimiento. Nos esforzábamos. Hacíamos las tareas. (También intentábamos sacar las mejores calificaciones).

Ahí es donde voy cuando esta pregunta —«¿Cómo voy hasta ahora?»— surge en la sala de consejería. Trabajo en curso. Un equilibrio de aliento por todas las herramientas adoptadas y utilizadas, toda la comprensión desarrollada y todos los cambios en las relaciones. Sin embargo, también hay un reconocimiento sincero de que aún está «en curso». Y, a menudo, ese «en curso» es una parte del crecimiento que trae desencadenantes y las consiguientes dudas. Aunque reconozcamos que es normal estar en un proceso en curso, eso no significa que nos quedemos de brazos cruzados. ¿Quién dice «he llegado» si no está en la cima del Everest? ¡Todavía te queda el descenso! Podemos seguir progresando. Así que dediquemos un momento a desentrañar y tratar una de las partes más difíciles del «qué es mejoría»: los desencadenantes.

Un desencadenante es una respuesta del cerebro que dice: «Oye, ¿te acuerdas de esto?». Vienen en todas las formas y tamaños, y pueden ser tanto positivos como negativos. A menudo, cuando hablamos de ellos en terapia, lo hacemos desde una perspectiva negativa, debido a una experiencia dolorosa o traumática. Este tipo de desencadenantes van seguidos de pensamientos intrusivos, ansiedad, embotamiento emocional, sensación de agobio e incluso disociación. La disociación es la protección del cerebro contra el trauma, en la que nos vamos mentalmente «a otra parte».

Un desencadenante puede ser una imagen o un olor, una prenda de ropa o un lugar donde ocurrió algo, una canción, un sonido o una voz, o incluso un sabor que despierta un recuerdo traumático. Muchas veces, no se conoce el desencadenante hasta que se descubre; de lo contrario, ¡todas seríamos expertas en evitarlo! El factor desconocimiento (al menos hasta que se identifica) es una de las partes más difíciles de los desencadenantes. Da la sensación de que surgen de la oscuridad, desarmando de repente la linterna y el espray de pimienta con los que hemos entrado en la habitación del miedo. E incluso puede ocurrir en un día perfectamente soleado. O, como le ocurrió a Sandi, en una conversación (aparentemente) nada amenazadora con su terapeuta y amiga.

Como ya he señalado, todos experimentamos desencadenantes de recuerdos, tanto buenos como malos (y de todo lo que hay en medio). Escúchame, estos desencadenantes existen para protegernos, no para hacernos daño. Los desencadenantes son completamente normales y funcionales. Durante una experiencia traumática, el cuerpo y la mente asimilan todo lo que ocurre a través de todos los sentidos —seamos conscientes o no— y lo almacenan para futuras consultas. Si la situación original era amenazadora, cuando se produce lo que parece una situación similar, el cuerpo y la mente van a juntar las piezas y gritar: «¡Huye de aquí!». O, «¡Quédate quieto y nadie te verá!». O incluso: «¡Golpea a alguien en la cara!». (Esperemos que no sea la última, pero es una reacción normal).

Lo que puedes ver aquí, espero, es que el cuerpo y la mente están totalmente orientados a la supervivencia. Percibimos una amenaza y respondemos a ella. Dios, asombrosa y fielmente, nos ha dado esta capacidad, incluso cuando —lo sé— nos parece mucho (o demasiado). No siempre es fácil de manejar. El instinto de supervivencia, cuando reacciona con tanta fuerza, puede entorpecer seriamente tu vida cotidiana, tanto en aspectos menores como mayores. Lo entiendo, porque yo también he experimentado innumerables desencadenantes a lo largo de los años.

Mi padre, como muchos hombres de su edad, llevaba siempre zapatillas New Balance azules y blancas. Tras una larga lucha contra una enfermedad del corazón, papá murió de repente de un paro cardíaco en 2015. Desde ese día, mi mundo ha parecido abrumadoramente poblado de hombres de sesenta años que llevan las mismas zapatillas. ¡Estas zapatillas están por todas partes! En el aeropuerto. En el pasillo de los cereales del supermercado. Paseando por el parque. Un día, un cliente mío entró tan tranquilo en el despacho calzando unas, lo que me hizo apartarme, respirar hondo e intentar volver a concentrarme lo antes posible.

Cada vez que veo este tipo de zapatillas, me retrotraigo, tristemente, a la profunda sensación de pérdida que experimenté con el fallecimiento de mi padre. Dos días después de su muerte, conduje su camioneta de vuelta del taller donde él había estado trabajando para resucitar un viejo auto. En el asiento del copiloto, a mi lado, estaban sus New Balance. Recuerdo exactamente cómo estaban colocadas, lo limpias que estaban, y recuerdo que me preguntaba qué iba a ser de aquellas zapatillas de cuero blanco brillante y azul marino.

Ver en público zapatillas similares en hombres con edad de ser padres es el desencadenante que me hace volver a ese momento. Poco a poco, este desencadenante se está trasladando al ámbito de los recuerdos afectuosos que provienen de haber tenido un padre al que le encantaba un tipo concreto de zapatillas. Las New Balance son mi desencadenante del duelo. (Suena raro, ¿verdad? Pero esa es la definición de un desencadenante: algo inesperado y, sin embargo, significativo).

Aunque existen tipos comunes de desencadenantes (visuales, sonoros, de lugar, de olor), los tuyos son únicos en función de tus experiencias dolorosas. Respira hondo y piensa: cuando te sientes más ansiosa, triste o insegura (sola o en relación con otras personas), ¿te ves remitida a algún momento doloroso anterior? ¿Qué es lo que te ha activado?

La buena noticia es que podemos identificar nuestros desencadenantes y trabajar con ellos —en lugar de contra ellos— para disminuir sus efectos sobre nosotras. Puede ser difícil de comprender en este momento, pero en realidad Dios nos ha dado estos desencadenantes para nuestra protección y supervivencia. La noticia más desafiante es que no debemos dejar que nos dominen. Interponernos entre nosotras y nuestros desencadenantes significa no responder automáticamente con ansiedad, miedo o pánico.

Hay varias maneras de disminuir el impacto de un desencadenante que han sido increíblemente eficaces para mis clientes. Te presento esta breve lista como punto de partida. Cuando la revises y descubras tus reacciones de protección ante los desencadenantes, ten en cuenta que a menudo están profundamente arraigados en nuestra memoria y que te llevará tiempo reducir tu respuesta. Sé paciente mientras pruebas estas técnicas y asegúrate de probarlas más de una vez. Además, ten en cuenta que si eliges algunas de las que más te atraen, puedes hacer coincidir una herramienta concreta con tu tipo de desencadenante (por ejemplo, poner tu música favorita en respuesta a un desencadenante auditivo).

- ***Respira profundamente.*** Empieza por la parte inferior del diafragma, llena los pulmones y exhala lentamente. Inhala durante cinco segundos y suelta durante cinco segundos. Cuando actúa un desencadenante, respiramos desde la parte superior del pecho, lo que refuerza el modo de lucha, huida o parálisis que el cuerpo utiliza para responder a una amenaza. Respirar profundamente le indica al cuerpo que no hay amenaza.
- ***Da por válido lo que está pasando.*** Debes saber que no te pasa nada. Los desencadenantes son una respuesta natural a una experiencia traumática o dolorosa del pasado. Estás haciendo frente a la situación, y trabajar los recuerdos es el camino hacia la sanidad. Recuérdalo.
- ***Repite un texto bíblico o frase reconfortante.*** A menudo les digo a mis clientes que sufren ataques de pánico que repitan verbalmente: «No me estoy muriendo». Aunque durante un ataque de pánico puedes sentirte como si estuvieras a punto de ver a Jesús cara a cara de forma inminente, lo más probable es que no sea así. Ten un como recordatorio un pasaje bíblico que te anime y te llene de fuerza, escrito y pegado donde puedas verlo, sobre todo allí donde sea más probable que surja el desencadenante.

- ***Cambia tu mente.*** Dos de mis versículos favoritos nos animan a (1) llevar cautivo todo pensamiento (ver 2 Corintios 10.5) y (2) pensar en cosas verdaderas, justas, puras, amables, admirables (ver Filipenses 4.8). Apuesto a que no te encuentras automáticamente así cuando aparece el desencadenante. Pero lo que nos anima no es que *debamos* hacerlo, sino que *podemos* sacar todo pensamiento del lugar del desencadenante. Busca un pensamiento de gratitud, de bondad, de una sonrisa de un ser amado, de un fragmento de un himno, y repítelo. Respira, mantén el pensamiento por al menos diez segundos y nota la diferencia en la reacción de tu cuerpo y tus emociones ante estos pensamientos mejores.
- ***Conéctate a tierra.*** Uno de mis ejercicios favoritos con los clientes es el de los cinco sentidos, que mencioné en el capítulo cinco. Dios nos dio los sentidos por una razón: para experimentar plenamente el mundo que nos rodea (y también para oler y saborear el tocino), y podemos utilizar estas buenas herramientas para calmar nuestro cuerpo y nuestra mente. Empieza con cinco cosas que puedas ver, cuatro que puedas sentir, tres que puedas oír, dos que puedas oler y una que puedas saborear. Haz una pausa y concéntrate en cada sentido, fijándote, por ejemplo, en la textura de la silla donde estás. ¿Es áspera? ¿Es suave? ¿Tiene una mancha de papilla? Esto te sacará del recuerdo malo y te situará en el presente.

- ***Busca una persona de seguridad.*** Aquí es donde tu trabajo de «desnudarte y cruzar la calle» resulta útil. Ya has identificado a una persona de seguridad y conoce parte de tu historia. Puedes simplemente enviarle un mensaje de texto, llamarla o, como hicimos Sandi y yo, inventar una palabra clave que indique que solo necesitas que el otro sepa que has tenido un desencadenante. Plantéate usar una palabra clave, como hicimos Sandi y yo, como atajo para explicarte sin tener que entrar en detalles. De manera increíble, esto calmará automáticamente tu modo de supervivencia. Reconocerás que no tienes que pasarlo sola.
- ***Busca un lugar seguro.*** Una de las formas más rápidas de reducir el tiempo de una incidencia de desencadenante es sentirte físicamente segura. Eso puede significar meterte debajo de una manta pesada por unos minutos. También puede ser tomarte un tiempo muerto en el cuarto de baño. O dar un paseo, una forma increíblemente eficaz de estar en la creación de Dios y dejar que la adrenalina fluya de nuevo a un nivel regulado. Si no puedes ir a ningún sitio en ese momento, crea un espacio seguro en tu mente utilizando una imagen detallada. Esa vieja técnica de encontrar un lugar feliz en tu mente es maravillosamente eficaz.

Como ya hemos normalizado para ti, este proceso de trabajar la «mejoría» lleva tiempo y esfuerzo. Pero en todo mi trabajo como terapeuta, no he visto una sola clienta que no se haya definido y alcanzado un lugar mejor para sí misma cuando dedicó su corazón, cuerpo y alma al trabajo de sanidad e invitó a Dios al proceso. Eso no se debe a alguna habilidad terapéutica mágica, sino a la gran promesa de Dios de presentarse y hacer su obra de sanidad.

Sé que quieres saber cuándo llegarás al punto de no sufrir. No puedo decirte cuánto tardarás. No puedo decirte cuántas lágrimas llorarás —o habrás llorado— a lo largo de tu hermosa dedicación al trabajo con este libro. No puedo decirte exactamente cómo será tu «mejoría».

Puedo decirte algo sobre un taburete de tres patas.

Sandi me preguntó un día cómo sabía que estaba mejorando, cómo estaba sanando del pasado y avanzando para desenredarse. Esta pregunta me la hacen a menudo los clientes. Desean que les asegure desde mi punto de vista que están progresando, como persona externa a ellos y como profesional del negocio del cerebro. Siempre doy una respuesta sincera. Pero, al mismo tiempo, el proceso de sanidad es tan único para cada persona, y los cambios son a menudo tan sutiles (y sin embargo el impacto tan grande) y tan sentidos internamente que puede ser un gran reto encontrar las palabras para responder a esta pregunta. Estoy segura de que Sandi me tomó por loca (lo siento), pero utilicé la ilustración de un taburete de tres patas para definir un poco el proceso de sanidad. Si una de las patas del taburete falta o es más corta que la otra, es muy difícil sentarse en él sin que vuelque. Las tres patas son igual de importantes. Pero cuando están las tres patas y todas tienen la misma longitud y estabilidad, puedes llevarte el taburete a todas partes y utilizarlo una y otra vez.

Entonces, ¿cuáles son las tres patas que indican la sanidad?

1. Estás poniendo nombre a tu dolor y hablándote a ti misma con más delicadeza, honrando y validando tus experiencias. También estás sanando a viva voz al contar tu historia a los demás.
2. Te valoras lo suficiente como para cuidarte con paciencia, en todos los ámbitos que Dios te ha dado —relacional, físico, mental, emocional, espiritual— lo mejor que puedas.
3. Te estás abriendo a un nuevo tipo de relación vulnerable, tierna e íntima con los demás, incluida tu relación de confianza y amistad con Dios. Y apuesto a que los demás están notando los cambios en tu forma de relacionarte, ¿no es así?

Por supuesto, después de compartir la analogía del taburete de tres patas con Sandi, le devolví la vieja pregunta del terapeuta: «¿Dónde crees que estás?». (No lo hacemos para ser sarcásticos, sino porque para el proceso de sanidad la respuesta del cliente es en realidad mucho más importante que nuestra respuesta). Te pido que te plantees la misma pregunta mientras avanzas fielmente hacia el final de este libro y reflexionas sobre tu viaje de sanidad.

¿Cómo va tu taburete de tres patas?

Mejorar suele ser un proceso complicado, lleno de recuerdos, desencadenantes y momentos en los que te preguntarás cuándo llegará todo a buen puerto. Aunque no hay un calendario para la sanidad —simplemente depende del tiempo de Dios y de cómo sigas procesando tu dolor—, ¡hay esperanza! Tómate un momento para reflexionar sobre tu proceso de desenredarte.

¿Con qué tipos de desencadenantes (visuales, auditivos, olfativos, etc.) tienes problemas? Nombra dos o tres desencadenantes específicos que te afecten con más frecuencia. ¿A qué crees que se debe?

____

____

En la lista de técnicas de afrontamiento de desencadenantes, ¿cuál o cuáles vas a probar esta semana? ¿Cómo crees que te ayudarán? Asegúrate de anotarlas y hacer un seguimiento de lo bien que funcionan, para que puedas ver un patrón.

____

____

¿Cómo sabrás que sigues sanando, desenredando y creando tu sólido taburete de tres patas?

____

____

CITAS BÍBLICAS

Torre inexpugnable es el nombre del Señor; a ella corren los justos y se ponen a salvo.

PROVERBIOS 18.10

A las montañas levanto mis ojos; ¿de dónde ha de venir mi ayuda?

Mi ayuda proviene del Señor, creador del cielo y de la tierra.

SALMOS 121.1-2

Sáname, Señor, y seré sanado; sálvame y seré salvado, porque tú eres mi alabanza.

JEREMÍAS 17.14

ORACIÓN

Dios mío, gracias porque sigues acompañándome en este viaje de sanidad. Tú eres fiel. Tú ves los lugares difíciles, los momentos en que me viene un desencadenante, los momentos en que mi paciencia conmigo misma se ha agotado. Gracias porque ves claramente de qué me estoy sanando y me das los medios para seguir avanzando, paso a paso, ¡hacia una vida que esté libre de la mugre del pasado! Gracias que Tú deseas el bien para mi vida, y que aun mientras oro en este momento, Tú me estás ayudando a crecer, cambiar y restaurar una vida de vuelta a la salud.

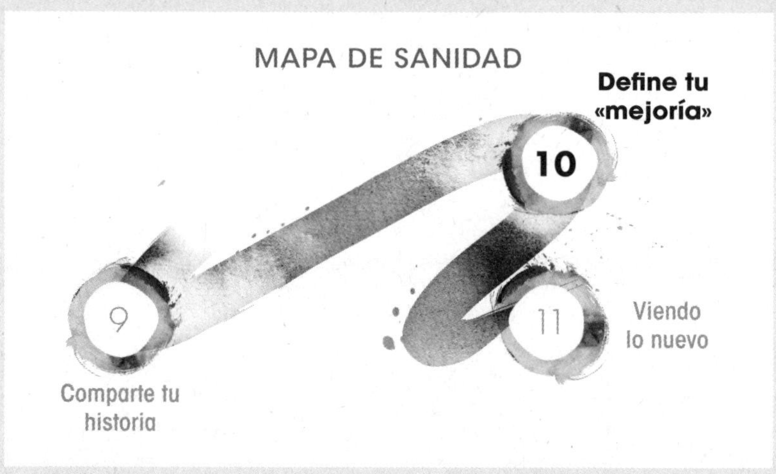

Capítulo 11

SANIDAD A VIVA VOZ

Terminación. Michelle dijo que no me lo tomara como algo personal, que es simplemente el término oficial de consejería para la última sesión con un cliente. Hoy ha sido la única vez que me han terminado. Y me sentí muy bien. Como un ascenso ganado con esfuerzo o una graduación. ¿Quién diría que un finalizar podría sentirse tanto como un comienzo?

Este año de consejería fue una de las temporadas más difíciles de mi vida. Pero lo volvería a hacer sin pensármelo. Fue la mejor inversión que he hecho. Una inversión que ya ha transformado mi vida y la de mi familia de muchas maneras. Ojalá lo hubiera hecho antes. Espero tener oportunidades para animar a otras mujeres a lanzarse también al agua. La experiencia no fue nada de lo que esperaba y sí todo lo que necesitaba.

Hoy, pasamos algún tiempo hablando tanto del viaje que dejamos atrás como del que tengo por delante. Estaba exactamente en el mismo lugar físico en el sofá de consejería en el que me he estado sentando por un año. Pero, en muchos sentidos, parece que me he movido. Michelle reiteró algunos de los hitos y victorias. No podía dejar de sonreír.

Sentí que cada lágrima que había derramado en ese despacho tenía un propósito y un significado. Tal vez regaron algo que ni siquiera sabía que estaba bajo tierra en mi vida. Algo que está brotando de nuevo. Oro y confío en que será hermoso.

—Sandi

Durante nuestra última sesión de consejería, Michelle y yo hablamos de los puntos fuertes y débiles del trayecto. Aquel día, sentada en su sofá, me sentía completamente diferente a como me sentía hace un año. Alegre. Segura. Gozosa. En el mismo lugar donde antes me había sentido rota, derrotada, no querida.

Cuando comencé la terapia, no quería que nadie lo supiera. La vergüenza me había convencido de que pedir ayuda era reconocer mi fracaso. Ni siquiera le hablé a mi marido, durante meses, de las sesiones de terapia. Cuando pienso en aquella decisión, me parece muy ilógica y arraigada en el miedo. Fue un buen recordatorio de quién era entonces y de lo lejos que había llegado.

En esa pequeña sala de consejería, había habido demasiados momentos «ajá» *como* para contarlos. ¿Quizás vendrían aún más? Mientras reflexionábamos sobre el viaje, me di cuenta. Desde la primera llamada telefónica a Michelle hasta ahora, había estado sanando a viva voz. Desde el principio.

Cada uno de los pasos fue necesario. Acudir cada semana. Ser sincera. Poner palabras al dolor. Procesar. Hacer duelo. Gritar. Rendirse. Luchar. Mantener conversaciones vulnerables. Confiar. Perdonar.

No siempre lo sentí como algo significativo o como un progreso, pero cuando me senté por última vez en ese sofá, vi el viaje desde un punto de vista diferente. Había estado sanando desde el primer salto al abismo. Y, por suerte, la sanidad no tiene fin.

Pensé en nuestra primera conversación. Las luces de emergencia. Esos ruidosos indicadores de que algo estaba desequilibrado. Llevaba más de treinta años hablando profesionalmente por un micrófono cuando entré por primera vez en la consulta de Michelle. Qué ironía que nunca hubiera puesto palabras a la lucha. Esta guardiana de secretos tenía miedo de hablar del dolor, la vergüenza y la confusión emocional del pasado. No sabía que «decir las cosas a viva voz» era una parte tan importante del proceso de sanidad.

Pienso en cada palabra pronunciada en esa sala, desde ambos lados del sofá. Las emociones expresadas. La vergüenza liberada. La esperanza compartida. Todo a viva voz.

La esperanza mantenida. La paz encontrada. La libertad descubierta. Todo forma parte del viaje de sanidad.

Tu dolor y tu viaje tal vez sean muy diferentes a los míos. Pero lo que he descubierto es que si hay algo que pesa en tu vida (dolor pasado, vergüenza, culpa, falta de perdón, pérdida) también hay algo poderoso en decirlo A VIVA VOZ. A ti misma. A otra persona (amiga de confianza o consejera). A Dios.

Procesar la pérdida a viva voz no es un remedio ni una solución, pero ayuda de varias maneras. Da por válido el sentimiento de pérdida, reúne la verdad de la experiencia y las emociones relacionadas con ella, y es un «ejercicio» bueno para el alma. Un dejarse llevar. Un abrir las manos que agarran el dolor. Al hacerlo, mis manos (y mi corazón) quedaron libres para abrazar más plenamente la sanidad.

En mi caso, la vacilación inicial a la hora de compartir mis heridas fue el miedo al rechazo. Estaba convencida de que los demás me avergonzarían y me rechazarían. Pero descubrí que era exactamente lo contrario. Michelle y mi familia me ofrecieron consuelo. Lloraron conmigo. Se enfrentaron a la vergüenza conmigo. Y me aceptaron. Los escuché. Un regalo que no habría recibido si no hubiera estado dispuesta a sanar a viva voz.

Le conté a Michelle que aún conservo el papel que me dio con las «huellas de la vergüenza». Lo guardo en mi diario. Ahora puedo mirarlo sin llorar. Es curioso. Todavía reconozco esas palabras (abuso, trauma, abandono). Siguen formando parte de mi historia. Pero ya no me definen. Es como mirar una foto de una casa en la que solía vivir. Me resulta familiar, pero no es mi hogar. Me he mudado.

Le pregunté a Michelle qué nuevas huellas o indicadores veía en mi vida. Y que me las escribiera para que pudiera conservarlas como recordatorio de la obra que Dios está haciendo. Después de pensarlo un momento, anotó estas palabras que me gusta llamar mis marcadores de cambio: alegría, libertad, relaciones auténticas, sanidad.

Estaba en lo cierto. Dios todavía me puso la piel de gallina durante esta última conversación en el sofá. Ver cada palabra fue significativo y un recordatorio de la obra continua de Dios en mi vida. No escuchar ninguna refutación a viva voz en mi mente o en mi corazón fue la confirmación del cambio.

Michelle dijo que sería muy bueno que yo también hiciera mi propia lista. Cuando pensé en ello, las huellas de la vergüenza eran palabras que describían lo que me había pasado. Las marcas que veo ahora reflejan lo que ha estado ocurriendo en mi interior.

- ***Digo la verdad.*** Sé la verdad de quién soy realmente. Ya no me define el dolor o la vergüenza del pasado. Sé que soy más que la suma de mi pasado. Soy valorada como un tesoro. Amada. Aceptada.
- ***Lucho contra la vergüenza.*** No estoy atada a la ira, el miedo o la autoprotección del pasado. No hay nada oculto que esté clamando por mi atención. Soy libre para estar emocionalmente presente y celebrar lo bueno.
- ***Cruzo la calle.*** Permito que las personas de confianza me conozcan por completo. Disfruto no solo dando amor, sino también teniendo facilidad y libertad para recibirlo. Más confianza para mantener conversaciones vulnerables. (Además, esta expresión siempre me hace sonreír).

No sé si considerar estos marcadores como un antes y un después porque no creo que honre la sanidad que está en marcha y que aún está por llegar. Todavía hay días y momentos desagradables. Pero me siento más preparada para responder y no caer en un pozo de vergüenza. He adquirido herramientas, muchas de las cuales hemos compartido en este libro:

- Entender los indicadores emocionales o luces de alarma

- Discernir la diferencia entre la voz de la vergüenza y la voz de la verdad
- Trabajar la vergüenza y expulsarla
- Hacer duelo con esperanza
- Descubrir la verdadera identidad
- Restablecer las relaciones con una misma, con Dios y con los demás
- Luchar por una mejoría

Cada capítulo escrito y cada punto a lo largo del mapa es para mí como una herramienta de mi caja de herramientas de sanidad. Y, sinceramente, apenas pasa un día sin que utilice una o varias de ellas. Cuando los pensamientos de vergüenza susurran y me invitan a escuchar, me recuerdo a mí misma y a mis emociones la verdad. Los pensamientos autocondenatorios no monopolizan la relación ni el diálogo que mantengo conmigo misma. Saco mi Biblia y mi diario y recuerdo quién es Dios. Quién soy yo. Dónde he estado. Adónde voy.

Esa nueva sensación de seguridad y sanidad se extiende a todas mis relaciones. Guardo como un tesoro las continuas conversaciones vulnerables con mi marido, mi familia y mis amigas de confianza. Y mi círculo de amistades está creciendo. Ya no tengo tanto miedo a decir: «Me gustaría conocerte mejor», y permito que los demás también me conozcan mejor.

La sensación de libertad que siempre esperé que fuera posible es ahora una realidad emergente en mi mente y mi corazón. Y afecta mi vida desde todos los ángulos: personal, profesional y espiritualmente. Me siento restaurada. No perfecta. Pero en paz conmigo misma, con mi pasado y con mi futuro. Estoy aprendiendo a ser indulgente conmigo misma, porque el viaje y la batalla continúan.

Aproximadamente un año después de terminar la terapia, tuve un sueño perturbador. Mi marido me despertó porque yo gemía y se preocupó. Mi corazón latía con fuerza. Tenía miedo. Y, sinceramente, no sabía si era un sueño o un *flashback*.

Lo único que sé con certeza es que fue como un puñetazo emocional. Estuve triste y frustrada. Durante días. Tenía ganas de retirarme emocionalmente. Pero sabía que eso no era sano ni productivo.

Al cabo de unos días, llamé a Michelle y le pregunté si podíamos hablar. Le hablé del sueño y de cómo me estaba afectando. Y en un esfuerzo por sacar afuera toda cruda y pesada emoción, dije: «Con esto me siento como si estuviera justo donde estaba antes». Sin dudarlo, me dijo: «Sandi, no estás donde estabas. No lo estás. ¿Me oyes? No estás donde estabas».

Hubo muchas otras palabras desafiantes y afirmativas, pero había algo pegadizo en su declaración. Yo quería creer que era verdad. Pero también necesitaba llegar a ese punto en mi propia mente y corazón. Oré y le pedí a Dios que acallara las voces de vergüenza y me revelara la verdad. La imagen que me trajo a la mente era la de mí de pie en un campo de batalla. Todavía estaba en la lucha, pero no estaba en el mismo lugar en el que solía estar. Desde entonces, había obtenido grandes y pequeñas victorias. Territorio ganado. Movimiento realizado.

Me di cuenta de que había interpretado el aspecto ya conocido del combate como que me encontraba en el mismo lugar del campo de batalla. Pero eso no era cierto. Seguía luchando, pero también avanzaba. ¿Y sabes cómo se llama eso? Sanidad.

Cuando das el primer paso o continúas compartiendo valientemente tus sentimientos (a viva voz)... eso es sanidad.

Cuando otros (incluido a Dios) te dan el regalo de la verdad y tú los escuchas, desafiando tus errores... eso es sanidad.

Cuando te das cuenta de que esto es un maratón y no un esprint. Pero sigues luchando... eso es sanidad.

Es importante entenderlo como algo en curso. Porque se trata del siguiente paso. La siguiente cosa buena que Dios quiere hacer y está haciendo en tu vida.

¿Sabías que la primera cosa buena que Dios hizo fue con su voz? «Y *dijo* Dios» (Génesis 1.3, énfasis mío). Con esas palabras, comenzó a dar existencia a toda la creación. ¿Por qué palabras? ¿Por qué no un chasquido de dedos? ¿Un movimiento de la mano? No lo sé. Se lo dejo a los teólogos. Pero por razones que solo Él conoce, eligió decirlo a viva voz.

Y luego, antes de terminar, dijo que era bueno. Cada día. Miró su obra incompleta y dijo a viva voz: «Es bueno».

¿Puedes atreverte a creer que Dios te contempla ahora mismo, incompleta e imperfecta, y te dice: «Hija, eres buena y eres un tesoro para mí»?

Si ahora mismo eso está fuera del alcance de tu mente y de tu corazón, no pasa nada. Por eso Michelle y yo escribimos este libro. Para cargar la esperanza por ti hasta que seas capaz de llevarla por ti misma. Para ofrecerte herramientas que te ayuden a seguir adelante. Una hoja de ruta que te ayude a atravesar el ruido, el dolor y la tristeza, y a celebrar lo mejor. Para animarte a profundizar y aceptar el cambio. Creer en la verdad del diseño y el amor de Dios por ti.

Tu camino hacia el dolor y la sanidad puede ser algo diferente del mío, pero el punto de partida es el mismo. Empiezas dondequiera que estés. Detrás de una silla, detrás de un micrófono, detrás de las huellas de la vergüenza.

Y das el primer paso. Te lanzas y dices, tal vez por primera vez, no quiero seguir guardando secretos. Quiero ser alguien que lucha contra la vergüenza. Que dice la verdad. Que cruza la calle. Y celebras cada punto de la sanidad.

Como guardiana de secretos en recuperación, no tenía ningún deseo de escribir un libro, compartir mi asco y cruzar esa calle transitada sin ropa. Pero con el tiempo, Dios transformó mis dudas en convicción. Lo vi como otra conversación necesaria y vulnerable.

En las páginas de este libro te he dejado entrar en mi burbuja. A veces me resultaba incómodo. Pero quería que supieras que lo entiendo. Que te escucho. Comprendo el dolor y la lucha por amar a Dios sin gustarte a ti misma. Mi oración es que hayas conectado con la vulnerabilidad, entendido la lucha, y que también compartas la libertad y la alegría que yo he encontrado.

Por experiencia propia y desde lo más profundo de la piscina, puedo decirte que mejorar y sanar es posible. La alegría llega por la mañana. Dios es fiel. Merece la pena luchar por ti. Sigue sanando a viva voz, ¡y nos vemos en el campo de batalla!

DESEMPACAMOS EL PROCESO CON LA DRA. MICHELLE

Avanzar hacia lo nuevo

Cuando iniciaste este viaje, tus luces de emergencia parpadeaban, y quizá no sabías exactamente qué te estaba diciendo ese indicador luminoso. ¿Era el indicador de la vergüenza? ¿Era la luz de «presta atención a tus emociones»? ¿Era la luz que indicaba que la ira necesitaba algo de atención? ¿O la que te decía que necesitabas hacer duelo y expresar lamento?

Podría haber sido todo lo anterior.

Las luchas de cada persona son diferentes. Tu historia y tu camino de sanidad son únicos. La forma en que has recorrido este camino —por un sendero pavimentado y recto o una caminata con curvas montaña arriba y montaña abajo— es un reflejo de lo que Dios tiene para ti. Aunque la historia de Sandi tenía similitudes con otras que había escuchado en la sala de consejería, no podía anticipar del todo el resultado que vimos. Bromeo sobre la conveniencia de que puedo leer la mente de mis clientes en la sesión y de que puedo predecir los resultados de la terapia. (Dios aún no me ha concedido en absoluto esta habilidad y, la verdad, ¡le ruego que nunca lo haga!). Los terapeutas nos aferramos con fuerza a la esperanza de que nuestros clientes nos escuchen y de que sean capaces de escucharse a sí mismos durante esta increíble oportunidad de ser desafiados y de crecer. Ni siquiera mis clientes conocen del todo el resultado de trabajar el dolor y la sanidad del pasado a viva voz en la sala de terapia.

Pero Dios sí lo conoce. Él conoce el principio, el medio y el final de la historia de Sandi y su viaje de sanidad. Él conoce la mía. Y también conoce la tuya. Nada sorprende a Dios, ¡nada! ¿Podemos pararnos por un momento en esa clase de omnisciencia y aún más, en su disposición a estar atento a ti? Él ha estado contigo en cada paso de tu viaje de sanidad. No solo observando desde la distancia, sino también acercándose a ti. Dirigiéndote hacia su verdad. Pronunciando a viva voz nuevas palabras para tu corazón herido. Recordándote que no estás rota, sino herida. Desafiando tus pensamientos y sentimientos de vergüenza. Dándote libertad y confianza en Él. Modelándote, con ternura, en esta nueva forma. Amós 4.13 dice: «He aquí el que forma las montañas, el que crea el viento, el que revela al hombre sus designios, el que convierte la aurora en tinieblas, el que marcha sobre las alturas de la tierra: su nombre es el Señor Dios Todopoderoso».

Este versículo revela la asombrosa obra de un Dios Creador. Él dio existencia a las montañas. Él dirige el poder del aire. Él convierte la luz en oscuridad y la oscuridad en luz. Él se sienta en el más alto de los lugares aquí en la tierra. Y —no te pierdas esto— Él no solo forma la creación (y a ti) sino que también se revela a sí mismo y sus pensamientos a nosotros, que somos la humilde humanidad. Si Él es quien es, y nosotros somos quienes Él dice que somos, entonces somos personas amadas. Valoradas como tesoros. Sentenciadas pero sanadas. Gozosas. Embarcadas en un viaje, no solas, sino con un sentido renovado de su presencia con nosotras, que nos ayuda a ver nuestra vergüenza y cubrirla con gracia.

Estamos pidiendo y recibiendo sanidad ante un gran dolor. Él nos ayuda a acortar distancias y a acercarnos a Él y a los demás.

Recuerda que todo lo que merece la pena es también un proceso de paciencia. Aunque el proceso terapéutico de Sandi duró un año, ella señaló que sigue en curso. El tuyo también. El camino de la sanidad no se detiene hasta que estamos frente a Jesús, cara a cara, y recibimos todo su don de restauración.

Seguimos viviendo, por supuesto, en un mundo roto que desencadenará recuerdos o pensamientos dolorosos, y lucharemos por reaccionar bien ante estos desencadenantes. Tal vez sientas que estás retrocediendo cuando esto ocurre, pero eso solo significa que hay algo que revisar para una sanidad adicional. Repite conmigo: no es un fracaso revisar algo de nuestro dolor. La gran noticia es que Dios no te pide que vayas a ninguna parte sin Él. No te pide que vuelvas a visitar lugares dolorosos sin retorno. Él promete continuar llevándote a lugares donde veas su verdad, su convicción y su amor.

¿Recuerdas el proceso *kintsugi* de romper una vasija y recomponerla con todas sus piezas astilladas, agrietadas y rayadas? Podemos intentar presentar una vasija perfecta (a estas alturas, sabemos que es imposible y agotador, ¿verdad?), pero eso no permite que la luz brille a través de las grietas y hendiduras naturales. Este proceso no consiste en absoluto en botar los pedazos, sino en recomponerlos con cuidado, deliberadamente y con paciencia para volver a exponerla. Los objetos rotos no hay que esconderlos. Las cosas rotas —o, en nuestro caso, heridas— siguen siendo bellas. Una vasija recompuesta merece que la vean.

Te animo a que consideres algunas cosas mientras prosigues tu viaje. En primer lugar, considera la posibilidad de sentir curiosidad por tu camino. Si Dios te ha traído hasta aquí, ¿cuánto más tiene para ti? Sí, habrá pruebas y tribulaciones en el futuro. No lo dudes. Sin embargo, cuando podemos avanzar sin la carga del dolor del pasado, podemos sentirnos libres para sentir curiosidad por lo que nos deparará la vida. La curiosidad nos permite abrazar el camino desconocido y seguir aprendiendo lo que Dios tiene para nosotras.

En segundo lugar, cuando comenzaste este libro, lo hiciste con cierta esperanza. Esperanza de no estar sola en tus emociones. Esperanza de no estar sola en tus pensamientos. Esperanza de que alguien más pudiera identificarse con tu dolor. Esperanza de que dejarías de reaccionar ante este dolor. Esperanza de poder profundizar en tu relación con Dios, con los demás y contigo mismo. Como escribió Alexander Pope en *Ensayo sobre el hombre*: «La esperanza brota eterna en el pecho humano». Es una frase muy alentadora. Hay muy pocas cosas que puedan despojarnos de toda esperanza. Al final de esta parte de tu proceso, piensa en tu propia esperanza: ¿está brotando de nuevo? ¿Hay lugares que todavía están secos, sin mucha esperanza? Si es así, considera Hebreos 11.1: «Ahora bien, la fe es la garantía de lo que se espera, la certeza de lo que no se ve». Es posible que aún no veas el final de tu viaje de sanidad, pero anímate y ten esperanza, podemos tener la seguridad de recorrerlo gracias a Jesús.

En tercer lugar, no te pierdas el gozo de tu sanidad. Permítete reconocer la oportunidad de sentir un gran gozo en medio de tu sanidad. El gozo es la seguridad profunda del alma que nos ayuda a afrontar el dolor y el conocimiento de que Dios nos está llevando a través de él. Tal vez sientas un gozo desafiante, después de haber luchado para salir adelante. Puede que sientas un gozo de satisfacción por pasar más tiempo con Dios. Quizá sientas un tipo de gozo burbujeante cuando descansas en las promesas de Dios y en su amor por ti. El gozo se duplica en el sentido de propósito, esperanza y fruto de todo el trabajo que has hecho y que Dios ha hecho a través de ti hasta ahora. Debes saber que, aunque todavía eres un trabajo en curso, el dolor y el gozo pueden convivir. Ese es el poder de «y»: ambas partes pueden ser verdad a la vez. Podemos llorar y alegrarnos. Podemos ser imperfectas y amadas. Podemos ser aceptadas y vulnerables. Podemos estar heridas y sanando.

¿Cuáles son sus próximos pasos?

- ***Ora.*** Haz una oración de entrega a Dios. Entrégale tu vida. Tu dolor y tu lucha. Pídele que se revele y te muestre su amor. Su Palabra está llena de verdad y esperanza. Dedícale tiempo cada día. Los salmos son un buen punto de partida.
- ***Busca a alguien***. Alguien en quien confíes para que te acompañe. Una consejera. Una amiga. Comparte tus sentimientos con ellas y permíteles que te digan

la verdad con cariño. Con el tiempo, quizá quieras invitar a alguien más a que te acompañe.

- ***Escribe un diario.*** Anota los pasajes bíblicos más significativos para ti. Escribe tus pensamientos sinceros y tus oraciones. Puede ser difícil ver el cambio día a día. Pero un diario te ayuda a ver los puntos de referencia a lo largo del camino y cómo has visto a Dios trabajar en tu vida.
- ***Vuelve a leer este libro.*** Al principio de nuestro viaje de consejería, Michelle me pidió que leyera un libro que creía que sería útil: *Corazón Herido,* de Dan Allender. Es un libro poderoso sobre la sanidad del abuso. La primera vez lo leí tan rápido como pude. Sentía vergüenza y ansiedad con cada página. Seguí buscando el capítulo con la solución, y nunca llegó. Me pidió que volviera a leerlo. Tras una larga mirada de reproche, me incliné y volví a leerlo. La segunda lectura fue mucho más útil. Había menos presión y ansiedad, y obtuve mucha más información.
- ***Lee el epílogo.*** Es una conversación vulnerable más que podemos tener juntas.

Has estado en tu propio viaje de sanidad, siguiendo tu camino como Dios te ha guiado. Tómate un momento para considerar lo lejos que has llegado en tu historia con las preguntas y ejercicios de reflexión que encontrarás a continuación.

¿Cuáles son tus indicadores de progreso?

____

____

Tómate un momento para volver a tu propio «triángulo» de vergüenza, aversión o rechazo (que encontrarás en el capítulo dos). ¿Cómo era? Tómate un momento para rellenar tu propio triángulo a modo de recordatorio:

Ahora, considera tu proceso de sanidad durante la lectura de este libro. Puede que Dios te haya traído a la mente ciertas palabras: amada, valorada, considerada, ¡la que sea! Utiliza el gráfico de cuatro puntas que aparece a continuación para completar las palabras. (En el epílogo se explica por qué utilizamos un gráfico de cometa). ¿Qué palabras utilizas para describirte a ti misma y el resultado de todo tu increíble trabajo?

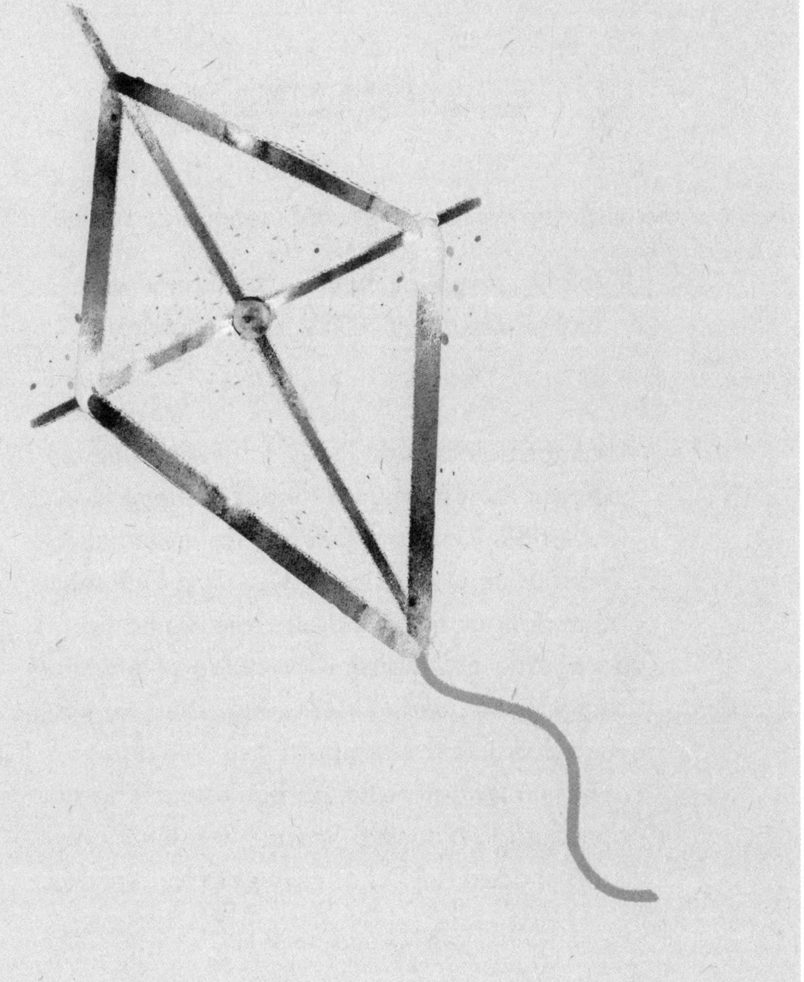

¿Cuál sería tu siguiente paso al terminar de leer este libro? Por ejemplo, puedes aceptar el reto de sanar a viva voz con un amigo, un familiar o un consejero. Puede que decidas compartir este libro con alguien que lo necesite, o puedes utilizar los recursos que encontrarás al final del libro para continuar tu proceso de sanidad.

Pero los que confían en el Señor renovarán sus fuerzas;

volarán como las águilas: correrán y no se fatigarán, caminarán y no se cansarán.

— Isaías 40.31

Al oír las palabras de la ley, la gente comenzó a llorar. Por eso el gobernador Nehemías, el sacerdote y maestro Esdras y los levitas que enseñaban al pueblo les dijeron: «No lloren ni se pongan tristes, porque este día ha sido consagrado al Señor su Dios». Luego Nehemías añadió: «Ya pueden irse. Coman bien, tomen bebidas dulces y compartan su comida con quienes no tengan nada, porque este día ha sido consagrado a nuestro Señor. No estén tristes, pues el gozo del Señor es nuestra fortaleza».

— Nehemías 8.9-10

Convertiste mi lamento en danza; me quitaste la ropa de luto y me vestiste de fiesta, para que te cante y te glorifique, y no me quede callado.

— Salmos 30.11-12

Dios, me presento ante ti: todo mi ser, todas las partes heridas, avergonzadas y lastimadas de mi pasado y de mi presente. No siempre me he considerado como hermosa creación tuya, tu amada, tu tesoro. Pero hoy declaro que soy libre, que me siento reconfortada y que soy fuerte porque Tú dices que lo soy. Ayúdame a ver esto, Señor, incluso cuando parezca que mi situación y mis relaciones dicen lo contrario. Gracias porque estás haciendo una buena obra en mí. Me estás ayudando a desenredar mis nudos para que pueda ser libre en ti y para que pueda hablar a otros de tu libertad. Hoy descanso en esa verdad.

MAPA DE SANIDAD
Define tu «mejoría»
10
11
Viendo lo nuevo

EPÍLOGO

SANDI

Durante mi último año de secundaria, mi novio (ahora marido) y yo rompimos. Para procesar mis sentimientos, me puse a escribir. Aún no estaba preparada para contarle mi historia a nadie, pero, sin saberlo, empecé a escribirla. Nadie la leyó nunca, pero me sirvió para algo. Era la primera vez que algo de mi interior salía a la luz. Pero una vez en el papel, ahí se quedó. Por décadas. De hecho, lo olvidé hasta que estuve en terapia.

Lo saqué del trastero y, mientras lo leía, me di cuenta de que ahora había más historia que escribir. Mucha más. Así que lo hice. Aquí tienes la historia completa de la pluma de una joven de diecisiete años, seguida del resto de mi vida hasta la fecha. Mi esperanza al incluirla aquí es que te toque y te recuerde el futuro y la libertad que Dios está creando para ti.

La cometta

Había una vez una cometa a la que le encantaba volar. Pero se sentía diferente. No era colorida ni bella ni elegante como las demás cometas. Era sencilla. Y torpe. Y un poco tosca. No sabía por qué. Simplemente sabía lo que sabía: que no era una cometa muy buena.

Incluso se preguntó por qué Dios la había hecho cometa si no podía ser una buena cometa. Se supone que las cometas son elegantes y dan alegría a su alrededor. ¿Cómo podía esta cometa hacer eso? No podía. Ella lo sabía. Y estaba triste.

Un día la cometa volaba con su padre. Ella estaba en el cielo y él en el suelo sujetando la cuerda. Ella lo amaba y estaba agradecida de que la sostuviera. Ella sonreía. Pero mientras se movía juguetonamente por el cielo, lo miró a los ojos. No vio orgullo. Ni amor. Ni nada hermoso.

Al parecer, él tampoco vio nada hermoso, porque soltó la cuerda. La dejó ir. Y se alejó.

La cometa estaba confusa y triste. Tenía miedo. Se sentía rechazada. La cometa lloró por lo que había hecho su padre. Y la cometa se estrelló contra el suelo, hecha trizas y desgarrada.

La cometa volvió a volar. Seguía triste y asustada, pero volar es lo que hacen las cometas. Al cabo de un rato, la cometa sintió un tirón. Miró hacia abajo y vio que un extraño sujetaba la cuerda. Era exigente. Jalaba y jalaba para controlar la cometa. La cometa intentó liberarse, pero él ganó la pelea. Ella perdió la batalla.

Ella perdió mucho.

Y entonces el hombre soltó la cuerda. Y se alejó. La cometa cayó al suelo más hecha trizas y desgarrada.

Finalmente, la cometa volvió al cielo. Pero ahora volar era diferente. Día tras día, la cometa volaba con su hilo un poco más largo. Así se sentía más segura. Si nadie la veía, nadie podría lastimarla.

Pero un día, la cometa se fijó en un joven que miraba hacia ella. Vio que sus ojos eran amables y curiosos. Le sonrió. Le preguntó si podía volar la cometa. Ella dijo que sí y sintió cómo sus manos, fuertes pero suaves, agarraban la cuerda.

No se parecía a nada que la cometa hubiera experimentado antes. Fue amable y atento. Le dijo a la cometa que era hermosa. La cometa no quería creerle, pero vio algo en sus ojos que nunca había visto antes. Era maravilloso. Sonrió.

El joven dijo que amaba a la cometa. Ella también lo amaba. Por una vez, se sintió libre para bailar. Así que lo hizo. Entonces, sin previo aviso, soltó la cuerda. Y se alejó.

La cometa estaba desolada. Traicionada. Otra vez. La cometa lloró porque el amor siempre duele. La cometa se estrelló contra el suelo más destrozada y desgarrada.

Un día, la cometa notó que algo iba mal. Aún podía sentir la brisa. Podía ver el cielo por encima y el suelo por debajo. Pero ese era el problema: veía el mismo trozo de cielo y el mismo trozo de suelo. Estaba atrapada, enredada entre los árboles. ¿Cuánto tiempo llevaba sin darse cuenta de ello?

La cometa hizo todo lo que pudo para liberarse. Pero cuanto más luchaba más se enredaba. Parecía imposible. Y muy injusto.

Entonces se le ocurrió que no se había enredado sola, y que probablemente tampoco se liberaría sola. Desesperada, la cometa gritó pidiendo ayuda. Casi como respuesta, se levantó la brisa. La presencia del viento era fuerte y tranquilizadora. La cometa esperaba que la sola fuerza de la brisa la ayudara a liberarse rápidamente. Creía que podía. Pero parecía que el viento tenía otro plan. Era como si la brisa soplara con fuerza, intencionadamente, sobre un solo enredo cada vez. Al soplar, la cometa temblaba. Era inquietante, como si estuviera perdiendo el control. ¿Pero no era eso lo que quería?

La cometa se dio cuenta de que con cada cuerda desenredada llegaba una nueva sensación de liberación. Vergüenza... Rechazo… Herida... Dolor... Uno a uno, los nudos y enredos quedaron expuestos y liberados. Fue doloroso. Pero el dolor tenía un propósito. Con cada ráfaga de viento, otra rama de árbol soltaba la cometa. ¿O era la cometa la que se soltaba? En cualquier caso, la libertad estaba llegando. Pedazo a pedazo. La paz. Sonrió.

Sentía la libertad diferente de lo que ella había pensado. Seguía destrozada y desgarrada. Pero las ramas ya no se interponían en su camino. Las había experimentado. Había aprendido de ellas. Y ahora volaba por encima de ellas. Resuelta. Más ligera. Contenta.

De vez en cuando, las ramas llamaban a la cometa con una voz tentadora y familiar. Pero cada vez que la cometa oía la invitación, oía también la brisa. Ella también la llamaba. La cometa sintió una renovada pasión por volar. Y en lugar de sentirse diferente, fea o mala, la cometa se sintió apreciada. Libre. Quería volver a bailar. Así que lo hizo. Y sonrió.

Cuanto más volaba la cometa, más se daba cuenta de algo. Desde lejos, todas las cometas parecían hermosas. Sin embargo, cuanto más se acercaba a ellas, más se daba cuenta de que también estaban hechas jirones y rotas. Eso no disminuía su belleza. Simplemente hablaban de sus luchas e historias. Tantas cometas hechas trizas y rotas.

La cometa también vio que algunas de las otras cometas seguían enredadas en los árboles. No habían descubierto la libertad. Todavía. Pero ¿y si...?

¿Y si esto fuera parte del propósito de la cometa? ¿El propósito de cada cometa? ¿Experimentar la brisa, aprender a bailar y ayudar a otras cometas a encontrar la libertad? ¿Y si cuanto más hecha pedazos y desgarrada estuvieras, más esperanza pudieras compartir? ¿Y si cada vez que una cometa hecha jirones y desgarrada bailara en el cielo, señalara algo innegable? ¿Algo hermoso?

Eso hizo que la cometa quisiera bailar. Así que lo hizo. Y sonrió.

Me sacó a un amplio espacio; me libró porque se agradó de mí.

— Salmos 18.19

AGRADECIMIENTOS

MICHELLE

A Quién creó este libro en primer lugar: Abba Padre. Gracias por invitarme a contar parte de tu historia a nuestros lectores. Tú eres el autor de todas las historias, y a ti te dedico esta obra por encima de todo. Mi oración ha sido siempre que en las palabras de estas páginas te hayamos honrado y glorificado.

A mi marido, Jason, por su inquebrantable apoyo a todas mis locas ideas y sueños. No solo me animas, sino que también me quieres por ser quien soy. Eres un regalo. «Mi amado es mío, y yo soy suya» (Cantares 2.16).

Gracias a mis amigas por responder cuando les envié mensajes de texto: «¿Qué les parece este título?» y «¿De verdad creen que puedo hacerlo?». Sus respuestas fueron rápidas y amablemente tranquilizadoras y atentas. Cada día me dan el ejemplo de Jesús.

A Sandi: ¡mi amiga inesperada! No solo eres mi coautora, sino también una amiga entrañable. Verdadera. Firme. Sincera. Cariñosa. ¡Todo eso y una bolsa de gominolas!

A Dexterity, a todo su increíble equipo y a nuestra colaboradora y editora, Leslie Peterson: vieron lo que dos brillantes y flamantes autoras estaban intentando hacer, y nos animaron con un balance perfecto de sinceridad, optimismo y sabiduría. Han contribuido a que este libro supere todo lo que podríamos haber soñado. Muchas gracias.

SANDI

A mi Padre celestial, que me amó antes de que yo fuera consciente de ello. Que redimió mi vida. Que sigue sanando y restaurando los lugares heridos. Tu fidelidad y gracia han cambiado mi vida y la de mi familia. Gracias por reescribir nuestra historia. La compartimos a viva voz para tu gloria.

A Mike: eres paciente, amable y sólido como una roca. Tú me conoces mejor que nadie y me sigues amando. Eres único para mí. Para siempre. Doy gracias a Dios por ti y por la vida que tenemos. Gracias por luchar por nosotros. Te amo. A Danelle, Nathan, Miguel, Kirk y Lexie: son las bendiciones más preciadas de Dios en mi vida. En su buena voluntad, Dios nos hizo una familia. La profundidad del amor y la amistad es única y abundante. Los amo.

A Michelle: tuviste un asiento en primera fila en el viaje de sanidad. Por eso, y por ti, te estaré eternamente agradecida. Gracias por decir «Sí». A la amistad, a compartir la historia y a los cerdos que vuelan. Todo es posible, amiga mía.

A nuestra editora, Leslie Peterson, y a Matt West, nuestro editor en Dexterity: gracias por creer en nosotras y ayudarnos a dar forma a la historia y compartirla. Agradezco su confianza, sabiduría y amistad.

LECTURAS ADICIONALES

Allender, Dan. 1995. *Corazón herido*. Miami: Caribe.

Una mirada intensamente personal y compasiva sobre los efectos —y la esperanza de sanidad— de los abusos sexuales. Este libro va más allá de las cuestiones generales y las soluciones sugeridas en otros libros.

Allender, Dan. 2016. *Healing the Wounded Heart: The Heartache of Sexual Abuse and the Hope of Transformation*. Grand Rapids: Baker Books.

Para los millones de personas que han sufrido abusos en forma de violación, incesto, abuso sexual, *sexting*, acoso sexual, pornografía, etc., la esperanza no llega con facilidad, pero Allender ayuda a alumbrar el camino hacia un gozo renovado, paso a paso.

Benner, David. 2009. *El don de ser tú mismo: autoconocimiento como vocación y tarea*. Maliaño: Sal Terrae.

Discernir tu verdadero yo está estrechamente relacionado con discernir los propósitos de Dios para ti. Paradójicamente, cuanto más te parezcas a Cristo, más auténtica serás. En esta exploración de la identidad cristiana, el psicólogo y director espiritual David G. Benner ilumina la espiritualidad del autodescubrimiento.

Brown, Brené. 2016. *El poder de ser vulnerable: ¿qué te atreverías a hacer si el miedo no te paralizara?* 1a ed. Argentina: Urano.

La vulnerabilidad es el núcleo de emociones difíciles como el dolor, el temor y la decepción, pero también el lugar de nacimiento del amor, la pertenencia, la alegría, la empatía, la innovación y la creatividad. Este libro trata de la valentía: la valentía de «salir a escena» en las relaciones y en la vida.

Brown, Sandi. 2021. ***A Little More Peace: 100 Devotions to Help Settle Your Soul.*** **St. Louis: JoyFM.**

Este es el devocional más reciente de Sandi, y es fácil de llevar al corazón... incluso al corazón con ansiedad. Una manera perfecta de empezar el día, escuchar a Dios y encontrar un poco más de paz.

Buechner, Frederick. 1991. ***Telling Secrets.*** **San Francisco: Harper.**

Una conmovedora autobiografía sobre el poder destructivo de un secreto de infancia y cómo la revelación de ese secreto ha aportado al autor sanidad, esperanza y una misericordiosa experiencia de amor.

Cloud, Henry y John Sims Townsend. 2000. ***Límites: cuándo decir sí cuándo decir no. Tome el control de su vida.*** **Nashville, TN: Editorial Vida.**

A menudo las personas se centran tanto en ser cariñosas y generosas que se olvidan de sus límites. «No» es probablemente una de las palabras más difíciles de pronunciar, y esta guía ofrece respuestas con base bíblica para establecer límites sanos.

James, John W., y Russell Friedman. 2010. ***Manual para superar pérdidas emocionales: un programa práctico para recuperarse de la muerte de un ser querido, de un divorcio y de otras pérdidas emocionales.*** **Madrid: Los Libros del Comienzo.**

Hay muchas pérdidas sentidas además de la muerte de un ser querido. Cuando el proceso de duelo está incompleto, puede tener efectos negativos de por vida en la capacidad para ser feliz y tener paz.

Este libro ofrece a los dolientes acciones específicas necesarias para atravesar la pérdida.

Muller Wayne. 1998. *Vivir con el corazón: las ventajas espirituales de haber conocido el sufrimiento en la infancia*. Barcelona: Urano.

En este libro, Muller ofrece a los lectores un camino para sanar traumas del pasado, como abusos físicos o sexuales, pérdidas o alcoholismo.

Powlison David. 2018. *Enojo: escapando del laberinto.* Graham NC: Publicaciones Faro de Gracia.

Una exploración de la ira de Dios y de la nuestra. Este libro está repleto de ayuda práctica para todos los que luchas con cómo responder cuando la vida hace brotar el enojo. Responde a la pregunta de cómo podemos expresar la ira de un modo que sea fiel y fructífero.

Thompson, Curt. 2015. *The Soul of Shame: Retelling the Stories We Believe About Ourselves.* Downers Grove: InterVarsity Press.

Lo veamos o no, la vergüenza afecta todos los aspectos de nuestra vida personal y profesional. Trata de destruir nuestra identidad en Jesucristo. Este libro incluye las herramientas teológicas y prácticas necesarias para identificar la vergüenza y desmantelarla.

Van der Kolk, Bessel A. 2020. *El cuerpo lleva la cuenta: cerebro mente y cuerpo en la superación del trauma.* 3a ed. Sitges: Eleftheria.

En este libro, el autor e investigador van der Kolk transforma nuestra comprensión del estrés traumático, revelando cómo reorganiza literalmente el esquema de conexiones del cerebro, en concreto las áreas dedicadas al placer, el compromiso, el control y la confianza.

Vroegop, Mark. 2021. *Nubes oscuras, misericordia profunda: descubre la gracia de Dios en el lamento*. Editorial Portavoz.

El lamento es la forma de vivir entre los polos de una vida dura y la confianza en la bondad de Dios. Este libro invita a los lectores a expresar el lamento, luchar y aprovechar la rica reserva de gracia y misericordia que Dios ofrece en los momentos más oscuros de la vida.

Young Sarah. 2010. *Jesús te llama: disfruta de paz en su presencia.* Nashville, TN: Grupo Nelson.

Pasa tiempo con Jesús a través de este libro, y encuentra tranquilidad, consuelo y una guía amable. Este libro te llevará en un viaje de un año de conexión con Jesús a través de la reflexión y la meditación basadas en la Palabra de Dios.

RECURSOS WEB

Consejeros Cristianos Bernabé. (Asociación Bernabé - España)

https://asociacionbernabe.com

GoodTherapy: Find the right therapist

www.goodtherapy.org

Faithful Counseling: Professional mental health counseling from a biblical perspective

www.faithfulcounseling.com

Mental Health America: Advocacy and education

www.mhanational.org

National Alliance on Mental Illness: Advocacy, group directory, local resources

www.nami.org

Psychology Today: Therapist directory

www.psychologytoday.com/us/therapists

ACERCA DE LAS AUTORAS

Sandi Brown es una personalidad de la radio, autora y respetada líder de dos exitosas estaciones de radio en San Luis: Joy FM y BOOST RADIO, que juntas llegan a más de quinientas mil personas cada semana. Es fundadora y presidenta de Gateway Creative Broadcasting y presidenta de Christian Music Broadcasters. Sandi es licenciada por la Universidad Maryville, donde estudió Comunicación y *Marketing*. Vive con su esposo, Mike, en Columbia, Illinois. *Sanando a viva voz* es su tercer libro.

La doctora Michelle Caulk, consejera profesional licenciada, ha trabajado en consultas privadas de consejería y en ministerios para ayudar a llevar la esperanza y la sanidad de Jesús a los momentos más difíciles de la vida, incluidos el duelo y el trauma. Michelle es licenciada en Literatura Inglesa por la Southern Illinois University de Edwardsville, tiene un máster en Biblioteconomía y Ciencias de la Información por la University of Illinois y un máster en Consejería sobre salud mental por la Argosy University. Michelle también obtuvo su doctorado en Educación y Supervisión de consejeros y es profesora adjunta y directora de experiencias clínicas en la Huntington University de Indiana. *Sanando a viva voz* es su primer libro, ¡sin contar su tesis doctoral!